## 위대한
## 매일 영어

**위대한 매일 영어 쌩3: 장소별 회화 필수 패턴**

**지은이** 이지연 영어연구소
**초판 1쇄 인쇄** 2017년 11월 21일
**초판 1쇄 발행** 2017년 11월 30일

**발행인** 박효상  **총괄 이사** 이종선  **편집장** 김현  **기획·편집** 김효정, 박혜민  **디자인책임** 김보연
**디자인** 싱타디자인 고희선
**마케팅** 이태호, 이전희  **디지털콘텐츠** 이지호  **관리** 김태옥

**종이** 월드페이퍼  **인쇄·제본** 현문자현

**출판등록** 제10-1835호  **발행처** 사람in  **주소** 121-839 서울시 마포구 양화로 11길 14-10 (서교동) 4F
**전화** 02) 338-3555(代)  **팩스** 02) 338-3545  **E-mail** saramin@netsgo.com
**Homepage** www.saramin.com

책값은 뒤표지에 있습니다.
파본은 바꾸어 드립니다.

ⓒ 이지연 영어연구소 2017

**ISBN**
978-89-6049-649-1 14740
978-89-6049-631-6 (세트)

사람이 중심이 되는 세상, 세상과 소통하는 책   사람in

# 위대한
# 매일 영어

장소별 회화 필수 패턴

쌩3

이지연 영어연구소 지음

사람in

머리글

# 무한대로 늘어나는 영어 문장의 비결
: 패턴 그리고 확장해 말하기

주변에 보면 왜 그리 영어 잘하는 사람들이 많은지, 나는 해도해도 안 느는 것 같구먼 하는 분들 손! 맞아요. 다들 보면 영어를 꽤 잘하는 것 같지요. 그런데 그거 아세요? 잘한다고 하는 사람들의 영어를 듣고 분석해 본 사람들 말로는 그런 사람들이 쓰는 패턴이 어느 정도 정해져 있다고 해요. 그 몇 개(물론 단순히 몇 개가 아니고 많겠지요^^)를 시제를 바꿔 말하고, 단어를 바꿔 말하면서 무한대로 문장을 만들어 내다 보니 영어를 잘하는 것처럼 들린다는 것입니다. 맞아요. 그렇다면 유창한 회화를 하는 하나의 방법으로 패턴을 익히고 활용하는 게 있을 수 있겠네요.

그렇다면 어떤 패턴을 어떤 식으로 익히고 활용해야 할까요? 거기에 두 가지 답을 제시합니다. 바로 〈주제별 패턴〉과 〈장소별 패턴〉이죠. 〈주제별 패턴〉은 말 그대로 한 가지 주제를 가지고 이야기할 때 반드시 쓰는 혹은 써 봄직한 패턴들이고요, 〈장소별 패턴〉은 특정 장소에서 말해야 하는, 말할 만한 패턴을 말합니다. 이 책 〈위대한 매일 영어 쌩3: 장소별 회화 필수 패턴〉에서는 우리가 흔히 처하게 되는 장소와 상황 21개를 엄선했고, 그에 맞는 240개 패턴을 추렸습니다.

240개 패턴이 적어 보이지만 절대 그렇지 않습니다. 단어 표현만 바꾸면 얼마든지 많은 문장이 만들어지고요, 시제에 주어까지 바꾸게 되면 이건 정말 무한정이라고 해도 과언이 아닙니다. 그런데 사실, 막상 패턴을 주고 바꾸라고 하면 잘 안 하게 되는 게 사람 심리입니다. 뭔가 하지 않으면 안 되게끔 하는 강한 견인 장치가 필요한데, 바로 이 책이 그런 견인 장치 역할을 합니다. 매일 하루에 유닛 한두 개씩만 하세요. 더 욕심 부리지 않아도 됩니다. 그리고 책에서 하라는 대로만 하세요. '이렇게 한다고 회화가 될까?' 의문은 사양합니다. 의문을 가질 시간에 더 말해 보고, 바꿔서 표현해 보세요. 이렇게 계속 하다 보면 해당 장소나 상황에서 영어로 이야기할 기회가 있을 때 예전처럼 한 마디도 못하고 있지만은 않을 거예요. 아마, '여기서 어떻게 내 얘기를 치고 들어가지?' 생각하는 자신이 보일 겁니다. 그럼 됐어요. 그걸로 충분합니다. 이 책의 목표가 바로 그것이니까요.

이지연 영어연구소

# 왜 〈위대한 매일 영어〉여야 하는가?

## 매일 느끼는 꾸준한 성취감!

어렸을 때, 매일매일 집으로 날아오던 일일공부 한 장의 추억, 다들 있죠? 사람들에게 일일공부 학습지에 대한 추억을 물어보면 대개 '좋았다', '괜찮았다'라고 대답합니다. 이렇게 일일공부 학습지에 대한 추억이 시간이 흐른 후에도 나쁘지 않은 건, 어렵지 않고 분량도 부담스럽지 않아 단번에 풀고 나가 놀 수 있기 때문이었을 거예요. 또 앉은 자리에서 끝내니까 성취감도 느낄 수 있고, 매일매일 하다 보니 뭔가 머릿속에 쌓이는 것 같기도 하고요. 그렇습니다. 이 일일공부가 우리들 뇌리에 좋은 이미지로 자리잡을 수 있었던 이유는 꾸준하게 성취감을 느끼게 했기 때문입니다. 이 꾸준한 성취감을 영어에서 느껴 보게 하면 사람들이 영어를 잘, 제대로 하지 않을까 생각하며 기획한 것이 바로 〈위대한 매일 영어〉입니다. 한마디로, 영어 일일공부 성인판인 셈이지요.

### 〈위대한 매일 영어〉 카테고리

**위대한 매일 영어 쌩**
정말 영어 쌩초짜들을 위한 3無(부담, 압박, 진땀) 책

**위대한 매일 영어 쫌**
영어를 아주 못하진 않지만 '쫌' 하는 것과는 거리가 살짝 먼 사람들을 위한 고육지책

**위대한 매일 영어 꽤**
영어 쫌 한다는 말을 수시로 듣지만 자기만족 5% 부족한 독자들의 필독서
(근간 예정)

## 하나를 알면 못해도 세네 개는 더 알게 된다

이 책을 책상 위에 놓고 한번 해 봐야겠다 마음먹은 분들이라면 적어도 외국인들과 Hello. How are you? Fine, thank you. 요 말만 하고 끝내고 싶지는 않을 거예요. 내가 있는 장소에서 외국인과 이야기를 해야 할 상황에 있을 때 한 마디라도 이야기를 더 하고 싶은 욕망이 솟구쳐 오르는 사람들일 거라 확신합니다. 그러면서도 문법이나 단어가 또 아주 강한 편은 아닐 것이고요. 걱정하지 마세요. 그렇게 문법, 단어는 약하지만 외국인과의 회화 욕망은 끓어 오르는 분들을 위한 회화 확장 프로젝트로 이 〈위대한 매일 영어 쌩3: 장소별 필수 회화 패턴〉을 준비했으니까요. 일단 여기 나온 문장들이 아주 어려운 내용들을 다룬 게 아니라서 거기 딸린 문법 역시 초보자들도 무리 없이 따라올 만큼 간결하고 쉽습니다. 또 굳이 사전이 필요 없을 정도로 단어 설명이 자세합니다. 여러분은 그저 여기 나와 있는 21개 장소와 상황에 딸린 총 240개의 패턴을 책에 나와 있는 대로 표현을 바꾸고, 주어를 바꾸고, 시제를 바꾸어 말해 보면 됩니다. 게다가 말만으로는 부족해서 원어민 음성으로 들으라고까지 합니다. 이것도 모자라 펜을 들고 직접 써 보라고 합니다. 이렇게까지 하면 패턴이 안 외워질리가 없겠죠? 이렇게 일단 장소별 필수 패턴과 문장이 머리에 새겨지면 해당 장소에 외국인과 함께 있게 될 때 못해도 한 마디쯤은 자신의 이야기를 할 수 있게 되고, 더 나아가 타인의 얘기까지 언급할 수 있게 되어 회화 실력이 나날이 뻗어가게 됩니다. 그렇게 될 수 있게 의문을 버리고 한 패턴 한 패턴에 최대의 공력을 기울여 자기 것으로 완전하게 해 보세요. 회화 실력이 월등히 높아져 있을 겁니다. 참고로 〈위대한 매일 영어 쌩2: 주제별 필수 회화 패턴〉도 함께 하시면 회화할 때 아주 든든함을 느낄 거라고 강력 추천합니다.

## 100세까지 갈 영어 버릇 장착

이 책 한 권으로 영어가 완전히 해결된다는, 그런 말도 안 되는 거짓 공약은 하지 않습니다. 그럴 수도 없고요. 그렇지만 확실히 말씀드릴 수 있는 것은 이 책으로 하면 하루하루 영어에 관해 뭔가를 자신이 하고 있다는 성취감은 확실히 들 것입니다. 그렇게 매일 매일의 성취감이 쌓이면 여러분의 영어가 위대해지는 것이고요.

하나의 행동이 습관으로 굳어지는 데 걸리는 시간은 21일 즉, 3주라고 합니다. 매일 유닛 두 개씩 45분만 이 책에서 하라는 대로 해 보세요. 그러면 하나는 보장합니다. 매일 영어를 하게 되는 습관이 들게 됩니다. 이 책의 최대 목표 중 하나가 바로 습관 들이기입니다. 습관 들이기에 성공했다고요? 영어의 반은 넘은 셈입니다. 나머지 절반은, 그대로 꾸준히 계속 열심히 하는 것입니다. 앞으로 계속 나올 〈위대한 매일 영어〉와 함께 말이죠.

**KEY POINTS**
- ▶ 꾸준히 일정 강도 이상을 넘어가게 하라!
- ▶ 임계점이 넘어가도록 공부를 습관화하라!
- ▶ 무엇보다도 매일 하는 것, 그 자체로 이미 당신은 위대하다!

# 〈위대한 매일 영어 쌩3: 장소별 회화 필수 패턴〉의 구성과 학습법

아이들이 새로운 것을 배울 때 습득력이 어른보다 좋은 이유가 무엇인지 아세요? 바로 가르쳐 주는 사람이 하라는 대로 잘 따라 하기 때문입니다. 여러분도 이 〈위대한 매일 영어 쌩3: 장소별 회화 필수 패턴〉을 하게 될 때는 마치 어린 아이가 선생님 말씀을 듣고 그대로 하는 것처럼, 책에서 하라는 대로 따라 하면 됩니다. '이런다고 뭐가 되겠어?'라고 의심을 가지지 마세요. 의심을 가지는 순간 아무것도 안 됩니다. 건승을 빕니다!

이 책을 공부하기 전에 알고 있으면 도움이 될 문법 사항을 간략히 정리했습니다.
이 정도만 알고 책을 보면 훨씬 이해가 잘될 거라고 보장합니다.

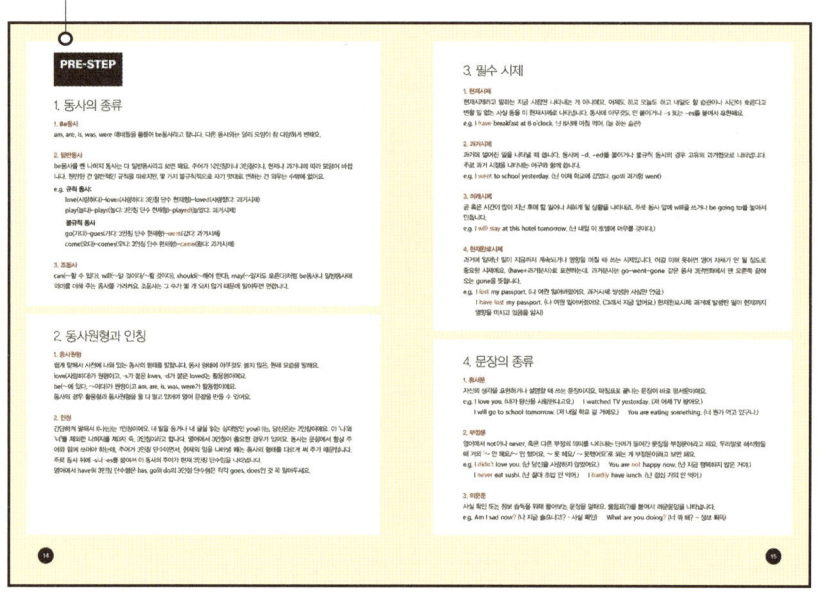

해당 장소나 상황과 관련해 꼭 말해야 하는 혹은 말해 봄직한 표현들만 엄선했어요.

## HOW TO
피부에 팍팍 와닿는 표현들이니까 반드시 큰 소리로 읽으세요. 그냥 눈으로만 보면 안 돼요.

큰 소리로 말하고 원어민 발음으로 확인해서 이제 완전히 외웠나요? 기억이 오래 가도록 이제는 써 볼 차례입니다.

## HOW TO
이미 완전히 외운 문장이라 쓱쓱 써 갈 수 있을 거예요. 우리말 해석을 먼저 쓰고 그 다음에 영어 문장을 따라 쓰세요.

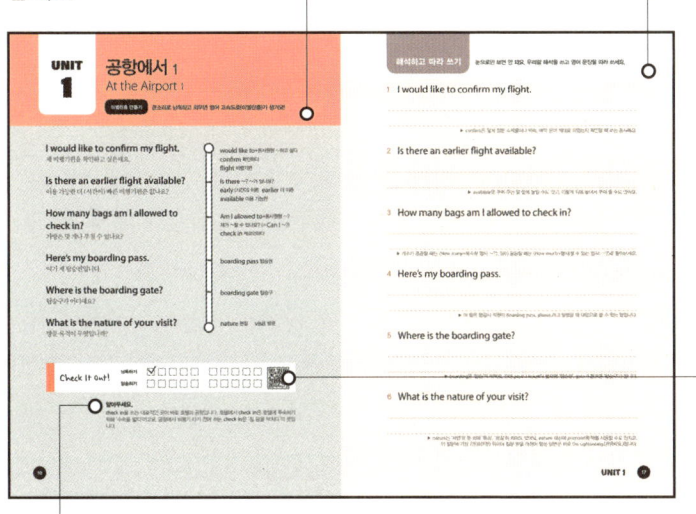

영어 문장을 외국인 성우의 깔끔한 목소리로 녹음했습니다.

## HOW TO
쉬운 문장이지만, 발음이나 억양 등을 틀리게 발음할 수도 있어요. 원어민이 읽은 걸 듣고 꼭 따라하면서 완전히 자기 것으로 만드세요.

알아두면 피가 되고 살이 되는 문법이나 어법 관련 내용이에요.

## HOW TO
짧지만 영양가 높은 내용들만 꽉꽉 채워서 요기 내용만 알면 '영어 좀 하는데' 소리를 들으실 거예요.

표현을 바꾸어 만든 문장을 원어민의 음성으로 들어보세요.

## HOW TO
듣기만 해서는 안 돼요. 반드시 따라 읽는 걸 습관화해야 해요.

확장한 문장을 역시 원어민 발음으로 들어보세요. 청취력도 쑥, 실력도 쑥 올라갈 거예요.

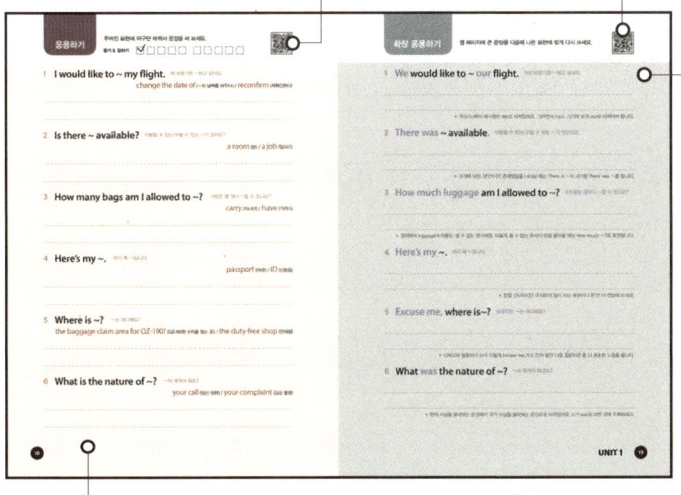

자, 이번에는 패턴을 조금 더 꼬아서 연습해 볼까요? 주어도 바꿔서 말해 보고, 시제도 바꿔서 말해 보는 거예요. 또 물어보는 문장을 그냥 말하는 문장으로도 얘기해 봐요. 이러면 문장이 정말 무한대로 늘어나지요.

## HOW TO
바뀌는 부분은 별색으로 표시가 돼 있어요. 그 부분에 맞게 문장을 만들어 큰 소리로 읽은 다음 쓰면 됩니다. 이로서 6개 패턴 문장에서 30문장까지 확장해서 배웠습니다!!!

앞에서 본 문장에서 회화에 활용되는 필수 패턴을 뽑았어요. 생각보다 간단하죠? 맞아요. 어마무시한 영어 문장도 이렇게 간단한 패턴에서 시작해요.

## HOW TO
이런 간단한 패턴에 오른쪽에 주어진 표현을 넣어 문장을 만들어 보세요. 벌서 6문장에서 18문장을 말할 수 있게 되었어요. 패턴의 힘이 이렇게 강력하답니다.

## 〈위대한 매일 영어 쌩3: 장소별 회화 필수 패턴〉 스케줄러

|  | 1일차 | 2일차 |
|---|---|---|
| **Week 1 STUDY** | UNIT **1 & 2** | UNIT **3 & 4** |
| review |  | UNIT **1 & 2**<br>확장하기 & 응용 확장하기<br>낭독 2회/필사 1회 |
| **Week 2 STUDY** | UNIT **11 & 12** | UNIT **13 & 14** |
| review | UNIT **9 & 10**<br>확장하기 & 응용 확장하기<br>낭독 2회/필사 1회 | UNIT **11 & 12**<br>확장하기 & 응용 확장하기<br>낭독 2회/필사 1회 |
| **Week 3 STUDY** | UNIT **21 & 22** | UNIT **23 & 24** |
| review | UNIT **19 & 20**<br>확장하기 & 응용 확장하기<br>낭독 2회/필사 1회 | UNIT **21 & 22**<br>확장하기 & 응용 확장하기<br>낭독 2회/필사 1회 |
| **Week 4 STUDY** | UNIT **31 & 32** | UNIT **33 & 34** |
| review | UNIT **29-30**<br>확장하기 & 응용 확장하기<br>낭독 2회/필사 1회 | UNIT **31 & 32**<br>확장하기 & 응용 확장하기<br>낭독 2회/필사 1회 |

| 3일차 | 4일차 | 5일차 |
|---|---|---|
| UNIT **5 & 6**<br>REVIEW UNIT 1-5 | UNIT **7 & 8** | UNIT **9 & 10**<br>REVIEW UNIT 6-10 |
| UNIT **3 & 4**<br>확장하기 & 응용 확장하기<br>낭독 2회/필사 1회 | UNIT **5 & 6**<br>확장하기 & 응용 확장하기<br>낭독 2회/필사 1회 | UNIT **7 & 8**<br>확장하기 & 응용 확장하기<br>낭독 2회/필사 1회 |
| UNIT **15 & 16**<br>REVIEW UNIT 11-15 | UNIT **17 & 18** | UNIT **19 & 20**<br>REVIEW UNIT 15-20 |
| UNIT **13 & 14**<br>확장하기 & 응용 확장하기<br>낭독 2회/필사 1회 | UNIT **15 & 16**<br>확장하기 & 응용 확장하기<br>낭독 2회/필사 1회 | UNIT **17 & 18**<br>확장하기 & 응용 확장하기<br>낭독 2회/필사 1회 |
| UNIT **25 & 26**<br>REVIEW UNIT 21-25 | UNIT **27 & 28** | UNIT **29 & 30**<br>REVIEW UNIT 26-30 |
| UNIT **23 & 24**<br>확장하기 & 응용 확장하기<br>낭독 2회/필사 1회 | UNIT **25 & 26**<br>확장하기 & 응용 확장하기<br>낭독 2회/필사 1회 | UNIT **27 & 28**<br>확장하기 & 응용 확장하기<br>낭독 2회/필사 1회 |
| UNIT **35 & 36**<br>REVIEW UNIT 31-35 | UNIT **37 & 38** | UNIT **39 & 40**<br>REVIEW UNIT 36-40 |
| UNIT **33 & 34**<br>확장하기 & 응용 확장하기<br>낭독 2회/필사 1회 | UNIT **35-36**<br>확장하기 & 응용 확장하기<br>낭독 2회/필사 1회 | UNIT **37 & 38**<br>확장하기 & 응용 확장하기<br>낭독 2회/필사 1회 |

차례

| | |
|---|---|
| 무한대로 늘어나는 영어 문장의 비결 | 5 |
| 왜 〈위대한 매일 영어〉여야 하는가? | 6 |
| 〈위대한 매일 영어 쌩3: 장소별 회화 필수 패턴〉의 구성과 학습법 | 8 |
| 〈위대한 매일 영어 쌩3: 장소별 회화 필수 패턴〉 스케줄러 | 10 |
| PRE-STEP | 14 |

| | | |
|---|---|---|
| **UNIT 1** | 공항에서 1  At the Airport 1 | 16 |
| **UNIT 2** | 공항에서 2  At the Airport 2 | 20 |
| **UNIT 3** | 공항에서 3  At the Airport 3 | 24 |
| **UNIT 4** | 기내에서  On the Plane | 28 |
| **UNIT 5** | 여행사에서  At the Travel Agency | 32 |
| REVIEW UNIT 1-5 | | 36 |

| | | |
|---|---|---|
| **UNIT 6** | 면세점에서 1  At the Duty-Free Shop 1 | 38 |
| **UNIT 7** | 면세점에서 2  At the Duty-Free Shop 2 | 42 |
| **UNIT 8** | 백화점에서 1  At the Department Store 1 | 46 |
| **UNIT 9** | 백화점에서 2  At the Department Store 2 | 50 |
| **UNIT 10** | 백화점에서 3  At the Department Store 3 | 54 |
| REVIEW UNIT 6-10 | | 58 |

| | | |
|---|---|---|
| **UNIT 11** | 호텔에서 1  At the Hotel 1 | 60 |
| **UNIT 12** | 호텔에서 2  At the Hotel 2 | 64 |
| **UNIT 13** | 호텔에서 3  At the Hotel 3 | 68 |
| **UNIT 14** | 택시 타기 1  Taking a Taxi 1 | 72 |
| **UNIT 15** | 택시 타기 2  Taking a Taxi 2 | 76 |
| REVIEW UNIT 11-15 | | 80 |

| UNIT 16 | 카페에서 1  At the Café 1 | 82 |
| UNIT 17 | 카페에서 2  At the Café 2 | 86 |
| UNIT 18 | 레스토랑에서 1  At the Restaurant 1 | 90 |
| UNIT 19 | 레스토랑에서 2  At the Restaurant 2 | 94 |
| UNIT 20 | 시장에서  At the Market | 98 |
| REVIEW UNIT 16-20 | | 102 |

| UNIT 21 | 서점에서 1  At the Bookstore 1 | 104 |
| UNIT 22 | 서점에서 2  At the Bookstore 2 | 108 |
| UNIT 23 | 여행지에서 1  At the Tourist Spot 1 | 112 |
| UNIT 24 | 여행지에서 2  At the Tourist Spot 2 | 116 |
| UNIT 25 | 길 묻기 1  Asking Directions 1 | 120 |
| REVIEW UNIT 21-25 | | |

| UNIT 26 | 길 묻기 2  Asking Directions 2 | 126 |
| UNIT 27 | 버스와 지하철에서 1  On the Bus & Subway 1 | 130 |
| UNIT 28 | 버스와 지하철에서 2  On the Bus & Subway 2 | 134 |
| UNIT 29 | 병원에서 1  At the Hospital 1 | 138 |
| UNIT 30 | 병원에서 2  At the Hospital 2 | 142 |
| REVIEW UNIT 26-30 | | |

| UNIT 31 | 우체국에서 1  At the Post Office 1 | 148 |
| UNIT 32 | 우체국에서 2  At the Post Office 2 | 152 |
| UNIT 33 | 바에서 1  At the Bar 1 | 156 |
| UNIT 34 | 바에서 2  At the Bar 2 | 160 |
| UNIT 35 | 세탁소에서  At the Dry Cleaner's | 164 |
| REVIEW UNIT 31-35 | | |

| UNIT 36 | 빨래방에서  At the Laundromat | 170 |
| UNIT 37 | 은행에서 1  At the Bank 1 | 174 |
| UNIT 38 | 은행에서 2  At the Bank 2 | 178 |
| UNIT 39 | 영화관에서 1  At the Cinema 1 | 182 |
| UNIT 40 | 영화관에서 2  At the Cinema 2 | 186 |
| REVIEW UNIT 36-40 | | 190 |

응용하기/확장 응용하기/확인학습 정답  192

# PRE-STEP

## 1. 동사의 종류

### 1. Be동사
am, are, is, was, were 얘네들을 통틀어 be동사라고 합니다. 다른 동사와는 달리 모양이 참 다양하게 변해요.

### 2. 일반동사
be동사를 뺀 나머지 동사는 다 일반동사라고 보면 돼요. 주어가 1·2인칭이냐 3인칭이냐, 현재냐 과거냐에 따라 모양이 바뀝니다. 웬만한 건 일반적인 규칙을 따르지만, 몇 가지 불규칙적으로 자기 멋대로 변하는 건 외우는 수밖에 없어요.

e.g. **규칙 동사:**
  love(사랑하다)–loves(사랑하다: 3인칭 단수 현재형)–loved(사랑했다: 과거시제)
  play(놀다)–plays(놀다: 3인칭 단수 현재형)–played(놀았다: 과거시제)

  **불규칙 동사**
  go(가다)–goes(가다: 3인칭 단수 현재형)–went(갔다: 과거시제)
  come(오다)–comes(오다: 3인칭 단수 현재형)–came(왔다: 과거시제)

### 3. 조동사
can(~할 수 있다), will(~일 것이다/~할 것이다), should(~해야 한다), may(~일지도 모른다)처럼 be동사나 일반동사에 의미를 더해 주는 동사를 가리켜요. 조동사는 그 수가 몇 개 되지 않기 때문에 알아두면 편합니다.

## 2. 동사원형과 인칭

### 1. 동사원형
쉽게 말해서 사전에 나와 있는 동사의 형태를 말합니다. 동사 형태에 아무것도 붙지 않은, 원래 모습을 말해요.
love(사랑하다)가 원형이고, -s가 붙은 loves, -d가 붙은 loved는 활용형이에요.
be(~에 있다, ~이다)가 원형이고 am, are, is, was, were가 활용형이에요.
동사의 경우 활용형과 동사원형을 둘 다 알고 있어야 영어 문장을 만들 수 있어요.

### 2. 인칭
간단하게 말해서 I(나는)는 1인칭이에요. 내 말을 듣거나 내 글을 읽는 상대방인 you(너는, 당신은)는 2인칭이에요. 이 '나'와 '너'를 제외한 나머지를 제3자 즉, 3인칭이라고 합니다. 영어에서 3인칭이 중요한 경우가 있어요. 동사는 문장에서 항상 주어와 함께 쓰여야 하는데, 주어가 3인칭 단수이면서, 현재의 일을 나타낼 때는 동사의 형태를 다르게 써 주기 때문입니다. 주로 동사 뒤에 -s나 -es를 붙여서 이 동사의 주어가 현재 3인칭 단수임을 나타냅니다.
영어에서 have의 3인칭 단수형은 has, go와 do의 3인칭 단수형은 각각 goes, does인 것 꼭 알아두세요.

## 3. 필수 시제

### 1. 현재시제
현재시제라고 말하는 지금 시점만 나타내는 게 아니에요. 어제도 하고 오늘도 하고 내일도 할 습관이나 시간이 흐른다고 변할 일 없는 사실 등을 이 현재시제로 나타냅니다. 동사에 아무것도 안 붙이거나 -s 또는 -es를 붙여서 표현해요.
e.g. I have breakfast at 8 o'clock. 난 8시에 아침 먹어. (늘 하는 습관)

### 2. 과거시제
과거에 벌어진 일을 나타낼 때 씁니다. 동사에 -d, -ed를 붙이거나 불규칙 동사의 경우 고유의 과거형으로 나타냅니다. 주로 과거 시점을 나타내는 어구와 함께 씁니다.
e.g. I went to school yesterday. (난 어제 학교에 갔었다. go의 과거형 went)

### 3. 미래시제
곧 혹은 시간이 많이 지난 후에 할 일이나 처하게 될 상황을 나타내죠. 주로 동사 앞에 will을 쓰거나 be going to를 놓아서 만듭니다.
e.g. I will stay at this hotel tomorrow. (난 내일 이 호텔에 머무를 것이다.)

### 4. 현재완료시제
과거에 일어난 일이 지금까지 계속되거나 영향을 미칠 때 쓰는 시제입니다. 이걸 이해 못하면 영어 자체가 안 될 정도로 중요한 시제예요. 〈have+과거분사〉로 표현하는데, 과거분사는 go-went-gone 같은 동사 3단변화에서 맨 오른쪽 끝에 오는 gone을 뜻합니다.
e.g. I lost my passport. (나 여권 잃어버렸어요. 과거시제: 발생한 사실만 언급.)
     I have lost my passport. (나 여권 잃어버렸어요. (그래서 지금 없어요.) 현재완료시제: 과거에 발생한 일이 현재까지 영향을 미치고 있음을 암시)

## 4. 문장의 종류

### 1. 평서문
자신의 생각을 표현하거나 설명할 때 쓰는 문장이지요. 마침표로 끝나는 문장이 바로 평서문이에요.
e.g. I love you. (내가 당신을 사랑한다고요.)    I watched TV yesterday. (저 어제 TV 봤어요.)
     I will go to school tomorrow. (저 내일 학교 갈 거예요.)    You are eating something. (너 뭔가 먹고 있구나.)

### 2. 부정문
영어에서 not이나 never, 혹은 다른 부정의 의미를 나타내는 단어가 들어간 문장을 부정문이라고 해요. 우리말로 해석했을 때 거의 '~ 안 해요/~ 안 했어요, ~ 못 해요/ ~ 못했어요'로 되는 게 부정문이라고 보면 돼요.
e.g. I didn't love you. (난 당신을 사랑하지 않았어요.)    You are not happy now. (넌 지금 행복하지 않은 거야.)
     I never eat sushi. (난 절대 초밥 안 먹어.)    I hardly have lunch. (난 점심 거의 안 먹어.)

### 3. 의문문
사실 확인 또는 정보 습득을 위해 물어보는 문장을 말해요. 물음표(?)를 붙여서 의문문임을 나타냅니다.
e.g. Am I sad now? (나 지금 슬프냐고? - 사실 확인)    What are you doing? (너 뭐 해? - 정보 획득)

# UNIT 1

## 공항에서 1
### At the Airport 1

**미엘린층 만들기**  큰소리로 낭독하고 외우면 영어 고속도로(미엘린층)가 생겨요!

---

**I would like to confirm my flight.**
제 비행기편을 확인하고 싶은데요.

would like to+동사원형 ~하고 싶다
confirm 확인하다
flight 비행기편

**Is there an earlier flight available?**
이용 가능한 더 (시간이) 빠른 비행기편은 없나요?

Is there ~? ~가 있나요?
early (시간이) 이른  earlier 더 이른
available 이용 가능한

**How many bags am I allowed to check in?**
가방은 몇 개나 부칠 수 있나요?

Am I allowed to+동사원형 ~?
제가 ~할 수 있나요? (= Can I ~?)
check in 체크인하다

**Here's my boarding pass.**
여기 제 탑승권입니다.

boarding pass 탑승권

**Where is the boarding gate?**
탑승구가 어디예요?

boarding gate 탑승구

**What is the nature of your visit?**
방문 목적이 무엇입니까?

nature 본질   visit 방문

---

**Check It Out!**   낭독하기 ☑ ☐ ☐ ☐ ☐  ☐ ☐ ☐ ☐ ☐
암송하기 ☐ ☐ ☐ ☐ ☐  ☐ ☐ ☐ ☐ ☐

**알아두세요.**
check in을 쓰는 대표적인 곳이 바로 호텔과 공항입니다. 호텔에서 check in은 호텔에 투숙하기 위해 '수속을 밟다'이고요, 공항에서 비행기 타기 전에 하는 check in은 '짐 등을 부치다'의 뜻입니다.

**해석하고 따라 쓰기**  눈으로만 보면 안 돼요. 우리말 해석을 쓰고 영어 문장을 따라 쓰세요.

1  I would like to confirm my flight.

▶ confirm은 앞서 정한 스케줄이나 약속, 예약 등이 제대로 되었는지 확인할 때 쓰는 동사예요.

2  Is there an earlier flight available?

▶ available은 꾸며 주는 말 앞에 놓일 수도 있고, 이렇게 뒤에 놓여서 꾸며 줄 수도 있어요.

3  How many bags am I allowed to check in?

▶ 개수가 궁금할 때는 〈How many+복수형 명사 ~?〉, 양이 궁금할 때는 〈How much+명사(셀 수 없는 명사) ~?〉로 물어보세요.

4  Here's my boarding pass.

▶ 이 말은 항공사 직원이 Boarding pass, please.라고 말했을 때 대답으로 쓸 수 있는 말입니다.

5  Where is the boarding gate?

▶ boarding은 '탑승'의 의미로, 뒤에 pass나 ticket이 붙으면 '탑승권', gate가 붙으면 '탑승구'가 됩니다.

6  What is the nature of your visit?

▶ nature는 '자연'의 뜻 외에 '특성', '본질'의 의미도 있어요. nature 대신에 purpose(목적)를 사용할 수도 있지요. 이 질문에 가장 간단하지만 뒤이어 질문 받을 걱정이 없는 답변은 바로 On sightseeing.(관광차요.)입니다.

UNIT 1    17

## 응용하기

주어진 표현에 어구만 바꿔서 문장을 써 보세요.
듣기 & 말하기

**1  I would like to ~ my flight.** 제 비행기편 ~하고 싶어요.
change the date of (~의 날짜를 바꾸다) / reconfirm (재확인하다)

---

**2  Is there ~ available?** 이용할 수 있는/구할 수 있는 ~가 있어요?
a room (방) / a job (일자리)

---

**3  How many bags am I allowed to ~?** 가방은 몇 개나 ~할 수 있나요?
carry (지니다) / have (가지다)

---

**4  Here's my ~.** 여기 제 ~입니다.
passport (여권) / ID (신분증)

---

**5  Where is ~?** ~는 어디예요?
the baggage claim area for OZ-190? (OZ-190편 수하물 찾는 곳) / the duty-free shop (면세점)

---

**6  What is the nature of ~?** ~의 목적이 뭐죠?
your call (당신 전화) / your complaint (당신 불평)

---

## 확장 응용하기

옆 페이지에 쓴 문장을 다음에 나온 표현에 맞게 다시 쓰세요.

1 **We would like to** ~ **our flight.** 저희 비행기편 ~하고 싶어요.

▶ 주어가 I에서 복수형인 We로 바뀌었어요. 그러면서 my도 거기에 맞게 our로 바뀌어야 합니다.

2 **There was** ~ **available.** 이용할 수 있는/구할 수 있는 ~가 있었어요.

▶ 과거에 어떤 것(단수)이 존재했음을 나타낼 때는 There is ~의 과거형 There was ~를 씁니다.

3 **How much luggage am I allowed to** ~? 수하물을 얼마나 ~할 수 있나요?

▶ 영어에서 luggage(수하물)는 셀 수 없는 명사예요. 이렇게 셀 수 없는 명사의 양을 물어볼 때는 How much ~?로 표현합니다.

4. **Here's my** ~. 여기 제 ~입니다.

▶ 정말 간단하지만 무지하게 많이 쓰는 표현이니 한 번 더 연습해 보세요.

5 **Excuse me, where is** ~? 실례지만, ~는 어디예요?

▶ 다짜고짜 질문하기 보다 이렇게 Excuse me,라고 먼저 말한 다음 질문하면 좀 더 공손한 느낌을 줍니다.

6 **What was the nature of** ~? ~의 목적이 뭐였죠?

▶ 현재 사실을 물어보는 문장에서 과거 사실을 물어보는 문장으로 바뀌었어요. is가 was로 바뀐 것에 주목하세요.

# UNIT 2 공항에서 2
## At the Airport 2

**미옐린층 만들기** 큰소리로 낭독하고 외우면 영어 고속도로(미옐린층)가 생겨요!

**Can I get an aisle seat?**
통로 쪽 좌석으로 주시겠어요?

Can I ~? 제가 ~할 수 있나요?
aisle seat 통로 쪽 좌석

**Where can I find the departure gate?**
출발 탑승구가 어디예요?

find 찾다
departure gate 출발 탑승구

**Do you have a seat next to the emergency exit?**
비상구 옆 좌석 있어요?

next to ~ 옆에
emergency exit 비상구

**How do I get to gate 12?**
12번 탑승구는 어떻게 가나요?

get to ~에 도착하다
gate (공항의) 탑승구, 게이트

**Lighters are not allowed on board.**
기내 탑승 시 라이터는 허용되지 않습니다.

A be allowed A가 허용되다
on board 기내에, 선상에

**What time does the plane begin boarding?**
비행기는 몇 시에 탑승 시작하나요?

what time 몇 시에
begin+동사-ing ~하기 시작하다
board 탑승하다

**Check It Out!** 낭독하기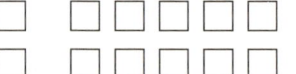
암송하기

**알아두세요.**
Where can I find the departure gate?는 직역하면 '제가 어디서 탑승구를 찾을 수 있지요?'로 Where is the departure gate?보다 훨씬 정중하게 들립니다. 원어민들도 다짜고짜 Where is ~?라고 물어보는 건 별로라고 생각한다네요.

## 해석하고 따라 쓰기

눈으로만 보면 안 돼요. 우리말 해석을 쓰고 영어 문장을 따라 쓰세요.

1  Can I get an aisle seat?

▶ aisle은 발음에 조심하세요. s가 묵음이라서 [아일]처럼 발음됩니다. get은 '얻다, 받다'의 의미로 Can I get ~?은 '제가 ~을 받을 수 있나요?' 즉, '~를 주시겠어요?'의 의미입니다.

2  Where can I find the departure gate?

▶ depart(출발하다)–departure(출발), arrive(도착하다)–arrival(도착)의 관계를 알아두세요. 교통 시설 이용 시 필요합니다.

3  Do you have a seat next to the emergency exit?

▶ sit은 동사로 '앉다'의 뜻이고, seat은 '좌석'의 의미입니다. 헷갈리지 마세요.

4  How do I get to gate 12?

▶ 이렇게 〈How do I+동사원형~?〉으로 물어보면 어떻게 ~하는지 가르쳐 달라는 의미입니다. 특히 길을 물어볼 때 많이 사용합니다.

5  Lighters are not allowed on board.

▶ allow는 '~을 허용하다'고요, 주어가 허락을 받아야 하는 대상물일 때는 be allowed(허용되다) 형태로 씁니다.

6  What time does the plane begin boarding?

▶ begin(시작하다) 다음에 동사가 와야 할 때는 주로 〈동사-ing〉나 〈to+동사원형〉을 씁니다.

UNIT 2

## 응용하기

주어진 표현에 어구만 바꿔서 문장을 써 보세요.

듣기 & 말하기

**1 Can I get ~?** ~로 주시겠어요?
　　　　　　　　a window seat (창가 쪽 좌석) / a middle seat (중간 좌석)

---

**2 Where can I find the ~?** ~는 어디에 있어요/어디예요?
　　　　　　　　airport lounge (공항 라운지) / ATM (자동현금인출기)

---

**3 Do you have a seat ~?** ~ 좌석 있어요?
　　　　　　　　near a lavatory (화장실 근처) / in the first row (첫 번째 열에)

---

**4 How do I get to ~?** ~에 어떻게 가지요?
　　　　　　　　the hotel from the airport (공항에서 그 호텔) / the subway station (그 지하철역)

---

**5 ~ are not allowed on board.** 기내 탑승 시 ~는 허용되지 않아요.
　　　　　　　　Certain items (특정 품목들) / Smelly food items (냄새가 나는 음식물들)

---

**6 What time does the plane ~?** 비행기는 몇 시에 ~하나요?
　　　　　　　　arrive (도착하다) / depart (출발하다)

## 확장 응용하기

옆 페이지에 쓴 문장을 다음에 나온 표현에 맞게 다시 쓰세요.

**1  Do you have ~?**  ~ 있어요?

▶ Can I get ~?이 말하는 사람의 입장이라면, Do you have ~?는 상대방의 입장을 나타내지요. 둘 중에 더 공손한 표현은 Can I get ~?입니다.

**2  Do you know where I can find the ~?**  ~는 어디에 있는지/어디인지 아세요?

▶ 의문사가 들어간 표현이 문장 맨 앞에 오지 않고 이렇게 문장 중간에 오게 되면 〈의문사+동사+주어〉가 아니라 〈의문사+주어+동사〉의 순서로 놓입니다.

**3  Do you want a seat ~?**  ~ 좌석을 원하세요?

▶ have를 쓰면 항공사 직원에게 좌석의 소유 여부를 묻는 것이지만, want를 쓰면 항공사에서 이용자의 희망 여부를 묻는 것이 돼요.

**4  Do you know how to get to ~?**  ~에 어떻게 가는지 알아요?

▶ 〈How+동사+주어 ~〉가 문장에서 목적어로 쓰일 때는 〈how to+동사원형〉으로 바꿔 사용할 수 있어요.

**5  We don't allow ~ on board.**  저희는 기내 탑승 시 ~를 허용하지 않아요.

▶ 뭔가를 허용하는 주체를 강조할 때는 위의 표현처럼 사용합니다.

**6  When does the plane ~?**  비행기가 언제 ~하나요?

▶ what time을 when으로 바꿔 쓸 수 있는데요, what time은 정확한 시간을, when은 일반적인 시간을 묻는 경향이 있어요.

UNIT 2

# UNIT 3

## 공항에서 3
### At the Airport 3

**미엘린층 만들기**  큰소리로 낭독하고 외우면 영어 고속도로(미엘린층)가 생겨요!

**I'm here on vacation.**
휴가차 왔습니다.

**I have nothing to declare.**
신고할 게 없어요.

**Is the flight on time?**
비행기는 제 시간에 오나요?

**I am not carrying any liquids.**
액체류는 소지하고 있지 않습니다.

**Do I have to take my laptop out of the bag?**
가방에서 노트북 꺼내야 하나요?

**Where can I exchange money?**
어디에서 환전할 수 있나요?

- on vacation 휴가차
- declare (세관에) 신고하다
- on time 제 시간에
- carry 휴대하다
- liquid 액체(류)
- take A out of B A를 B에서 꺼내다
- laptop 노트북 컴퓨터
- exchange 환전하다

**Check It Out!**  낭독하기 ☐☐☐☐☐ ☐☐☐☐☐
암송하기 ☐☐☐☐☐ ☐☐☐☐☐

**알아두세요.**
1. I'm here 뒤에 〈to+동사원형〉을 쓰면 '~하려고 왔습니다'로 목적을 나타낼 수 있어요. 이것 외에 on business(사업차), on vacation(휴가차), on sightseeing(관광차)으로도 현재 있는 곳에 온 이유를 밝힐 수 있습니다.
2. nothing은 '아무것도 (없는)'의 의미예요. 그래서 이 단어를 쓰면 그 문장 자체가 부정문이 돼 버립니다. 이때는 not, no, never 등을 따로 쓰지 않아요.

**해석하고 따라 쓰기** 눈으로만 보면 안 돼요. 우리말 해석을 쓰고 영어 문장을 따라 쓰세요.

1. I'm here on vacation.

2. I have nothing to declare.

   ▶ 이 문장은 세관원이 Do you have anything to declare? (세관 신고할 게 있습니까?)라고 물어볼 때 답할 수 있는 문장이에요. declare는 '세관에 과세 물품을 신고하다'란 전문용어로 쓰인답니다.

3. Is the flight on time?

   ▶ on time은 '정시에', in time은 '시간 내에'란 뜻이니까 구별해서 사용하세요.

4. I am not carrying any liquids.

   ▶ liquid(액체)는 원래 셀 수 없는 명사로 취급하지만, 용기에 담긴 액체 형태를 구별해서 언급할 땐 복수형을 사용합니다.

5. Do I have to take my laptop out of the bag?

   ▶ 노트북(컴퓨터)을 notebook으로 쓰면 안 됩니다. 이건 '공책'이란 뜻이고요, laptop으로 써야 합니다.

6. Where can I exchange money?

   ▶ exchange(환전하다)는 〈exchange+자신이 가지고 있는 돈+for+환전해서 받고 싶은 돈〉의 형태로 사용해요. e.g. exchange Korean won for dollars (원화를 달러로 환전하다)

UNIT 3

# 응용하기

주어진 표현에 어구만 바꿔서 문장을 써 보세요.
듣기 & 말하기 ☐☐☐☐☐ ☐☐☐☐☐

1. **I'm here ~.** ~ 왔어요.
   on business (사업차) / to visit my sister (여동생을 방문하러)

2. **I have nothing to ~.** 전 ~할 게 없어요.
   wear (입다) / be afraid of (두려워하다)

3. **Is ~ on time?** ~는 제 시간에 와요?
   the limousine (리무진) / the train (기차)

4. **I am not carrying any ~.** ~는 소지하고 있지 않습니다.
   explosives (폭발물) / form of identification (신분증 형태)

5. **Do I have to take ~ out of …?** …에서 ~를 꺼내야 하나요?
   everything–my pockets (모든 것/내 주머니들) / my cellphone–its case (제 휴대폰/그 케이스)

6. **Where can I ~?** 어디에서 ~할 수 있나요?
   find the nearest pay phone (가장 가까운 공중전화를 찾다) / pick up my duty-free items (면세품을 찾아오다)

## 확장 응용하기

옆 페이지에 쓴 문장을 다음에 나온 표현에 맞게 다시 쓰세요.

**1  I was here ~.** ~왔었어요.

▶ 현재시제 문장을 과거시제로 바꿔야 하는데요, be동사 am의 과거시제는 was입니다.

**2  I don't have anything to ~.** 전 ~할 게 없어요.

▶ nothing은 not ~ anything으로 바꿔서 표현할 수 있어요.

**3  ~ was on time.** ~는 제 시간에 왔어요.

▶ 현재시제 의문문에서 과거시제 평서문으로 훈련합니다. is의 과거형은 was입니다.

**4  Are you carrying any ~?** ~을 소지하고 있나요?

▶ 나의 상태를 말하는 문장에서 상대방의 상태에 대해 물어보는 문장으로 바꿉니다.

**5  You should take ~ out of ….** …에서 ~를 꺼내세요.

▶ 동사원형으로 시작하는 문장은 명령문인데 앞에 You should를 붙이면 '~하는 게 좋겠다'라는 충고의 뜻을 갖게 되어요. 주어가 You이므로 my를 your로 바꿔 주는 센스가 필요합니다.

**6  Do you know where I can ~?** 어디에서 ~할 수 있는지 아세요?

▶ where ~가 문장 앞에 올 땐 〈Where+조동사+주어 ~〉의 순이지만 문장에서 동사의 목적어로 쓰이면 〈where+주어+동사〉의 순이에요.

UNIT 3

## UNIT 4 기내에서
### On the Plane

**미엘린층 만들기** 큰소리로 낭독하고 외우면 영어 고속도로(미엘린층)가 생겨요!

**I am afraid you are sitting in my seat.**
제 자리에 앉아 계신 것 같은데요.

- I am afraid ~인 것 같은데요
- sit in one's seat ~ 자리에 앉다
- seat 좌석, 자리

**What kind of soda do you have?**
청량음료는 어떤 게 있나요?

- kind 종류　soda 청량음료

**We will be landing in ten minutes.**
십 분 후에 착륙할 겁니다.

- land 착륙하다
- in ten minutes 10분 후에

**That would be great.**
그거 정말 좋겠는데요.

- great 아주 좋은

**Can I use the lavatory?**
화장실 써도 되나요?

- Can I ~? ~해도 되나요?
- lavatory (기내) 화장실

**Could you bring me a glass of water?**
물 한 잔 가져다 주시겠어요?

- bring 가져다 주다
- a glass of+음료수 명칭　음료수 한 잔

**Check It Out!**　낭독하기　□□□□□　□□□□□
　　　　　　　　　암송하기　□□□□□　□□□□□

**알아두세요.**
1. I'm afraid는 뒤에 안 좋은 얘기를 꺼낼 때 쓰는 표현이에요. 바로 이야기를 꺼내는 것보다 훨씬 부드러운 느낌을 줍니다. 우리말도 "그쪽이 제 자리에 앉으셨네요." 보다 "제 자리에 앉으신 것 같은데요."가 같은 뜻이지만 훨씬 듣기에 거북하지 않은 것과 같은 거예요.
2. 똑같은 화장실이지만, 집에 욕조가 딸린 화장실은 bathroom, 건물에 있는 화장실은 restroom, 비행기 안에 있는 화장실은 lavatory라고 표현합니다.

## 해석하고 따라 쓰기

눈으로만 보면 안 돼요. 우리말 해석을 쓰고 영어 문장을 따라 쓰세요.

1 I am afraid you are sitting in my seat.

▶ 분명 내 자리인데 다른 승객이 앉아 있다면 이렇게 말하면 됩니다.

2 What kind of soda do you have?

▶ 기내 음료수 제공 시 승무원에게 이렇게 물어볼 수 있어요.
soda는 '탄산음료'를 통칭하는 말로 Coke, Welch's, Mountain Dew 등이 여기에 속합니다.

3 We will be landing in ten minutes.

▶ in 뒤에 시간 관련 표현이 나오면 '~의 시간이 지나면'이란 뜻이에요.
〈will be+동사-ing〉는 미래의 특정 시점에 하고 있을 동작을 표현하는데, 10분 후에는 비행기가 착륙하고 있을 거라는 것을 뜻합니다.

4 That would be great.

▶ 상대가 어떤 제안을 할 때 마음에 든다는 의미로 무척 많이 쓰이는 표현이에요.

5 Can I use the lavatory?

▶ 〈Can I+동사원형 ~?〉은 '~해도 되나요?'라고 상대방의 허락을 구할 때 씁니다.

6 Could you bring me a glass of water?

▶ take와 bring을 많이 헷갈려 하는데, bring은 말하는 사람 쪽으로 가까이 오는 것이고, take는 말하는 사람에게서 멀어져 가는 것의 차이가 있어요.

UNIT 4

## 응용하기

주어진 표현에 어구만 바꿔서 문장을 써 보세요.

듣기 & 말하기

1  **I am afraid ~.** ~인 것 같은데요.
   you are in the wrong seat (당신이 자리를 잘못 앉다) / I left it at home (내가 그걸 집에 두고 왔다)

2  **What kind of ~ do you have?** ~는 어떤 게 있나요?
   books (책들) / wine (와인)

3  **We will be ~ in ten minutes.** 10분 후에 ~할 겁니다.
   boarding (탑승하는) / taking off (이륙하는)

4  **That would be ~.** 그건 ~하겠는데요.
   fun (재미있는) / good (좋은)

5. **Can I ~?** ~해도 되나요?
   have some coffee (커피 좀 마시다) / ask a few things (몇 가지 물어보다)

6  **Could you bring me ~?** ~ 좀 가져다 주시겠어요?
   a cup of coffee (커피 한 잔) / something to drink (마실 것)

## 확장 응용하기

옆 페이지에 쓴 문장을 다음에 나온 표현에 맞게 다시 쓰세요.

**1　I think ~.** ~인 것 같은데요.

▶ I'm afraid ~ 대신에 I think를 넣어서 말할 수도 있어요. I think는 뒤의 내용에 상관없이 쓸 수 있습니다.

**2　What sort of ~ do you have?** ~는 어떤 게 있나요?

▶ kind 대신에 sort를 써도 같은 의미예요.

**3　We will + 동사원형 shortly.** 곧 ~할 겁니다.

▶ 〈will+동사원형〉은 '(미래에) ~할 것이다'의 뜻으로 진행의 의미는 담고 있지 않아요. 미래에 뭔가 진행이 되고 있을 거라는 걸 말할 때는 〈will be+동사원형〉으로 써야 합니다.

**4　That was ~.** 그건 ~였어요.

▶ 과거시제는 과거에 대해 단정하듯 언급할 때 씁니다. 그래서 would be가 was로 표현돼야 해요.

**5　Is it okay to ~?** ~해도 괜찮아요?

▶ 허락을 구하는 Can I ~?는 Is it okay to ~?로 바꿔 표현할 수 있어요.

**6　May I have ~?** ~ 좀 주시겠어요?

▶ Could you bring ~? 대신 May I have ~?를 쓸 수도 있어요. 내게 가져다 줄 수 있냐는 건 내가 가져도 되겠냐는 거니까요. 원어민들도 같은 뜻을 여러 표현으로 나타냅니다.

UNIT 4

# UNIT 5 여행사에서
## At the Travel Agency

**미엘린층 만들기** 큰소리로 낭독하고 외우면 영어 고속도로(미엘린층)가 생겨요!

**Is that one-way or round trip?**
편도 여행인가요, 왕복 여행인가요?

one-way trip 편도 여행
round trip 왕복 여행

**Is there a nonstop flight to New York?**
뉴욕까지 직항편이 있나요?

nonstop flight 직항편

**I don't need a return ticket.**
돌아오는 표는 필요 없어요.

need 필요하다
return ticket 돌아오는 표

**I want to postpone my return flight for a few days.**
돌아오는 항공편을 며칠 연기하고 싶어요.

postpone 연기하다
for a few days 며칠 동안

**I'd like to book a holiday in Guam.**
괌 휴가 여행을 예약하고 싶어요.

book 예약하다   holiday 휴가
book a holiday 휴가 여행을 예약하다

**Is breakfast included in the package tour?**
패키지 여행에 조식이 포함되어 있나요?

breakfast 아침 식사
include 포함하다
package tour 패키지 여행

**Check It Out!** 낭독하기 ☐☐☐☐☐ ☐☐☐☐☐
암송하기 ☐☐☐☐☐ ☐☐☐☐☐

**알아두세요.**
흔히 여행은 자유 여행과 패키지로 나뉩니다. 그렇다고 '패키지 여행'의 의미로 package만 쓰면 그쪽 사람들은 못 알아들어요. package tour 또는 packaged tour라고 해야 정확한 표현입니다.

## 해석하고 따라 쓰기

눈으로만 보면 안 돼요. 우리말 해석을 쓰고 영어 문장을 따라 쓰세요.

1  Is that one-way or round trip?

▶ round는 '코스 전체를 한 바퀴 도는 것'이므로 round trip은 여행을 갔다가 다시 돌아오는 일정을 모두 포함한 '왕복 여행'을 뜻해요.

2  Is there a nonstop flight to New York?

▶ nonstop은 도중에 다른 곳을 경유하지 않는 '직항의'란 뜻으로 direct로 바꿔 사용할 수 있어요.

3  I don't need a return ticket.

▶ 영국영어에서는 return ticket이 round trip ticket(왕복표)과 같은 뜻으로 쓰이지만 미국영어에서는 '돌아오는 비행기표'를 가리킵니다.

4  I want to postpone my return flight for a few days.

▶ postpone과 put off는 날짜를 뒤로 미루는 것이고 반대로 move up과 advance는 '날짜를 앞당기다'예요.

5  I'd like to book a holiday in Guam.

▶ book a holiday는 '휴가를 예약하다' 즉, '휴가를 보낼 수 있게 예약하다'의 뜻입니다.

6  Is breakfast included in the package tour?

▶ include는 '~을 포함하다'인데 주어가 breakfast(아침 식사)이므로 '포함되다'의 be included가 와야 해요.

UNIT 5

## 응용하기

주어진 표현에 어구만 바꿔서 문장을 써 보세요.
듣기 & 말하기

1. **Is that one-way or ~?** 편도인가요, ~인가요?
   return ticket (왕복표) / return flight (왕복 항공권)

2. **Is there ~ to New York?** 뉴욕까지 ~가 있나요?
   a redeye flight (야간 항공편) / a direct flight (직항편)

3. **I don't need ~.** 전 ~ 필요 없어요.
   a tour guide (여행 가이드) / a cart (카트)

4. **I want to postpone ~.** ~를 연기하고 싶어요.
   the meeting a bit (회의를 조금) / my travel (제 여행)

5. **I'd like to book ~.** ~ 예약하고 싶어요.
   a table for two (두 사람 앉을 테이블) / a flight to Seoul (서울행 비행편)

6. **Is ~ included in the package tour?** 패키지 여행에 ~가 포함되어 있나요?
   foot massage (발 마사지) / a visit to a shopping mall (쇼핑몰 방문)

## 확장 응용하기

옆 페이지에 쓴 문장을 다음에 나온 표현에 맞게 다시 쓰세요.

1  **Do you want one-way or ~?** 편도 원하세요, ~ 원하세요?

▶ 여행사 직원이 물어보는 표현으로, 같은 뜻이지만 이렇게 다양하게 나타낼 수 있어요.

2  **There is ~ to New York.** 뉴욕까지 ~가 있어요.

▶ 의문문에서 평서문으로 훈련합니다. There is/are는 뒤에 오는 단어가 단수면 is, 복수면 are을 씁니다.

3  **I don't need ~, but my mom does.** 전 ~ 필요 없지만 저희 엄마는 필요해요.

▶ 나와 일행의 상황을 얘기할 때 이렇게 표현 가능해요. 맨 끝의 does는 needs를 받는 동사로, 영어는 한 번 나온 단어는 다르게 대체해서 쓰는 성질이 있어서 needs라고 쓰지 않고 does로 썼습니다.

4  **I need to put off ~.** ~를 연기해야 해요.

▶ postpone, put off 둘 다 '~을 연기하다'의 뜻이에요. need to는 '~해야 하다'의 뜻으로 반드시 그렇게 해야 한다의 의미를 띱니다.

5  **I plan to book ~.** ~ 예약할 계획이에요.

▶ 〈plan+to+동사원형〉은 '~할 계획이다'의 의미입니다.

6  **Is ~ included in the package tour to Japan?** 일본 패키지 여행에 ~가 포함되어 있나요?

▶ 〈일본 패키지 여행〉처럼 특정한 나라의 패키지 여행은 〈package tour to+나라 이름〉으로 표현하면 돼요.

UNIT 5

# REVIEW UNIT 1-5

**확인학습** 다음 우리말 문장을 영어로 쓰세요.

1. 이용 가능한 더 (시간이) 빠른 비행기편은 없나요?
   ▸ _____

2. 신고할 게 없어요.
   ▸ _____

3. 가방은 몇 개나 부칠 수 있나요?
   ▸ _____

4. 어디에서 환전할 수 있나요?
   ▸ _____

5. 기내 탑승 시 라이터는 허용되지 않습니다.
   ▸ _____

6. 제 자리에 앉아 계신 것 같은데요.
   ▸ _____

7. 통로 쪽 좌석으로 주시겠어요?
   ▸ _____

8. 돌아오는 항공편을 며칠 연기하고 싶어요.
   ▸ _____

9. 비행기편을 확인하고 싶은데요.
   ▸ _____

10. 물 한 잔 가져다 주시겠어요?
    ▸ _____

**11** 방문 목적이 무엇입니까?

▸ _____

**12** 청량음료는 어떤 게 있나요?

▸ _____

**13** 비상구 옆 좌석 있어요?

▸ _____

**14** 화장실 써도 되나요?

▸ _____

**15** 비행기는 몇 시에 탑승 시작하나요?

▸ _____

**16** 뉴욕까지 직항편이 있나요?

▸ _____

**17** 액체류는 소지하고 있지 않습니다.

▸ _____

**18** 패키지 여행에 조식이 포함되어 있나요?

▸ _____

**19** 가방에서 노트북 꺼내야 하나요?

▸ _____

**20** 편도 여행인가요, 왕복 여행인가요?

▸ _____

# UNIT 6 면세점에서 1
## At the Duty-Free Shop 1

**미옐린층 만들기** 큰소리로 낭독하고 외우면 영어 고속도로(미옐린층)가 생겨요!

**What is popular as a souvenir?**
기념품으로 뭐가 인기 있어요?

- popular 인기 있는
- as ~로(서)
- souvenir 기념품

**Do you have a delivery service?**
배송 서비스가 있나요?

- delivery 배송, 배달

**That's all. Thanks.**
그게 다예요. 감사합니다.

- all 전부

**What is the duty-free allowance?**
면세 허용 한도가 얼마죠?

- duty-free 면세의
- allowance 허용 한도

**The total comes to 230 US dollars.**
총액은 미화로 230달러입니다.

- total 총액
- come to (액수 등이) 얼마가 되다

**Duty-free purchases must not exceed 500 dollars.**
면세 구입품은 500달러를 초과해서는 안 돼요.

- purchase 구매, 구매품
- exceed 초과하다

**Check It Out!** 낭독하기 □□□□□ □□□□□
암송하기 □□□□□ □□□□□

**알아두세요.**
That's all.은 꼭 면세품 매장이 아니더라도 패스트푸드점이나 다른 가게에서 Anything else?(다른 거 더 있으세요?) 라고 들었을 때 할 수 있는 아주 유용한 표현입니다. '원하는 건 다 주문하거나 골랐다'의 뜻입니다.

**해석하고 따라 쓰기** 눈으로만 보면 안 돼요. 우리말 해석을 쓰고 영어 문장을 따라 쓰세요.

1  What is popular as a souvenir?

▶ 뭐를 살지 잘 모를 때는 사람들이 많이 사가는 걸 사면 되죠. 그때 쓸 수 있는 표현입니다.

2  Do you have a delivery service?

▶ delivery service는 '택배 서비스'를 가리키는데 앞에 흔히 free(무료의), overnight(당일의) 등의 형용사가 붙어요.

3  That's all. Thanks.

4  What is the duty-free allowance?

▶ 동사 allow(허용하다)에서 파생된 allowance는 '용돈'이란 뜻 외에 '허용량'이란 의미로도 많이 쓰여요.

5  The total comes to 230 US dollars.

▶ come to는 '총계가 ~에 달하다'라는 뜻으로 뒤에 숫자나 수와 관련된 단위가 와요.

6. Duty-free purchases must not exceed 500 dollars.

▶ exceed는 '초과하다'의 동사로 뒤에 전치사 없이 목적어가 곧바로 옵니다. exceed speed limit(제한속도를 넘다) 표현이 자주 사용되니 함께 알아두세요.

UNIT 6

## 응용하기

주어진 표현에 어구만 바꿔서 문장을 써 보세요.

듣기 & 말하기 ☐☐☐☐☐ ☐☐☐☐☐

**1 What ~ as a souvenir?** 기념품으로 뭘 ~해요?
do you want to have (갖고 싶어요) / do you want to buy (사고 싶어요)

**2 Do you have ~?** ~가 있나요?
a delivery fee (배송료) / a delivery address (배송 주소)

**3 That's ~. Thanks.** 그게 ~입니다. 감사합니다.
it (전부) / about it (거의 전부)

**4 What is the duty-free ~?** 면세 ~가 얼마예요?
limit (한도) / alcohol allowance (알코올 허용 한도)

**5 The total comes to ~.** 총액은 ~입니다.
fifty dollars (50달러) / fifty thousand won (5만원)

**6 Duty-free purchases must ~.** 면세 구입품은 ~여야 해요.
 be placed in a sealed bag (밀봉된 봉투에 넣어지다) / be picked up after 2 p.m. (오후 2시 이후에 찾아가다)

## 확장 응용하기

옆 페이지에 쓴 문장을 다음에 나온 표현에 맞게 다시 쓰세요.

1 **What+과거형+~as a souvenir?** 기념품으로 뭘 ~했어요?

▶ 과거형으로 물을 때는 의문문 만들 때 쓰는 조동사 do/does를 did로만 살짝 바꾸면 됩니다.

2 **We don't have ~.** 저희는 ~가 없습니다.

▶ 주어가 We, I, You, 복수형일 때 일반동사 현재시제 부정문은 〈don't+동사원형〉으로 만듭니다.

3 **That's ~. Thanks.** 그게 ~입니다. 감사합니다.

▶ 짧지만 중요한 거니까 다시 한번 써 보세요. 참고로 That's it.과 That's about it.은 '그게 다입니다.'와 '그 정도가 다입니다.'란 구어체 표현으로 That's all과 바꿔 사용할 수 있어요.

4 **What was the duty-free ~?** 면세 ~가 얼마였어요?

▶ is를 was로만 바꾸면 과거에 어땠는지 간단하게 물어볼 수 있어요.

5 **The total came to ~.** 총액은 ~였어요.

▶ 단순하게 과거의 사실을 나타낼 때는 과거시제를 써요. come의 과거형은 came입니다.

6 **Duty-free purchases should ~.** 면세 구입품은 ~여야 해요.

▶ must는 반드시 해야 하는 절대적 의무(~해야 한다)지만 should는 그릇된 행동에 대한 비판이나 권고(~해야 한다/~하는 게 낫다)를 나타내는 차이가 있어요.

# UNIT 7 면세점에서 2
## At the Duty-Free Shop 2

**미엘린층 만들기** 큰소리로 낭독하고 외우면 영어 고속도로(미엘린층)가 생겨요!

**Please wrap them separately.**
그것들을 따로따로 포장해 주세요.

wrap 포장하다
separately 별도로

**Can I take this on the plane?**
이거 비행기에 갖고 타도 돼요?

take 가져가다
on the plane 기내로

**It needs to be in a sealed bag.**
밀봉된 봉투에 들어 있어야 해요.

need to+동사원형 ~해야 한다
be (~에) 있다   sealed 밀봉된

**When may I open duty-free items?**
면세품은 언제 개봉할 수 있나요?

may ~해도 된다   open 열다

**I prefer to pay in Korean currency.**
전 한국 돈으로 지불하고 싶어요.

prefer 선호하다   pay 지불하다
currency (특정 국가의) 통화

**My purchase was confiscated.**
제가 구매한 물건을 압수당했어요.

confiscate 압수하다

**Check It Out!**   낭독하기 ☐☐☐☐ ☐☐☐☐
암송하기 ☐☐☐☐ ☐☐☐☐

**알아두세요.**
confiscate는 '압수하다'란 뜻이에요. 이건 사람이나 기관이 어떤 물건을 압수할 때 쓰는 거고, 물건 입장에서는 압수당하는 거라서 이때는 〈be동사+동사의 과거분사〉 형태를 씁니다. 이렇게 〈be동사+과거분사〉를 쓰면 문장의 주어가 스스로 무언가를 하는 게 아니라 타인이나 상황에 의해 어떤 상태에 처하게 된 것을 강조합니다.

## 해석하고 따라 쓰기

눈으로만 보면 안 돼요. 우리말 해석을 쓰고 영어 문장을 따라 쓰세요.

1  Please wrap them separately.

▶ wrap은 '천이나 종이 등으로 포장하다'의 뜻이에요. 참고로 pack(싸다)은 여행, 수송 등의 목적으로 짐을 싸는 걸 뜻해요.

2  Can I take this on the plane?

▶ 지금 서 있는 기준에서 비행기 쪽으로 가져가는 거라서 take를 썼어요. 반대로 비행기 입장이라면 자기 쪽으로 가까이 오는 거니까 bring을 쓸 수 있지요.

3  It needs to be in a sealed bag.

▶ 〈need to+동사원형〉은 '~할 필요가 있다' 보다는 '(꼭) ~해야 한다'의 강한 의무의 뜻이에요.

4  When may I open duty-free items?

▶ Can I ~?는 허락을 묻는 표현인데, Can 대신 May를 써도 돼요. May를 쓰면 더 공손한 느낌을 줍니다.

5  I prefer to pay in Korean currency.

▶ prefer는 두 가지 선택 중에서 더 마음에 드는 걸 말할 때 씁니다. 〈prefer to+동사원형〉은 '~하는 게 더 좋다'로 이 문장은 달러나 원화로 지불할 수 있는 상황에서 원화로 지불하고 싶다고 말한 거예요.

6  My purchase was confiscated.

▶ purchase는 '구매, 구매품'이라는 명사 외에 '구매하다'의 동사로도 쓰여요. confiscate는 밀수나 장물 같은 부당행위에 대한 조치로 행해지는 '압수하다'란 뜻으로 압수된 물건이 주어가 되면 〈be+confiscated〉로 표현해요.

UNIT 7

## 응용하기

주어진 표현에 어구만 바꿔서 문장을 써 보세요.

듣기 & 말하기

1. **Please wrap them ~.** 그거 ~ 포장해 주세요.
   in paper (종이로) / in sturdy packaging (튼튼한 포장용기에)

2. **Can I take ~ on the plane?** 비행기에 ~ 갖고 타도 돼요?
   this luggage (이 짐) / this lotion (이 로션)

3. **It needs to be in a ~.** ~에 들어 있어야 해요.
   storage box (수납상자) / safe container (안전한 용기)

4. **When may I ~?** 제가 언제 ~할 수 있나요?
   come back (돌아오다) / visit you (당신을 방문하다)

5. **I prefer to pay ~.** 전 ~ 지불하고 싶어요.
   in cash (현금으로) / in installments (할부로)

6. **~ was confiscated.** ~을 압수당했어요.
   The box (그 상자) / The item (그 물건)

## 확장 응용하기

옆 페이지에 쓴 문장을 다음에 나온 표현에 맞게 다시 쓰세요.

**1  Could you please wrap them ~?** 그거 ~ 포장해 주시겠어요?

▶ 사실, 명령문 앞에 그냥 Please만 붙이는 것보다 Could you please ~?를 쓰면 더 정중한 표현이 돼요.

**2  Should I take ~ on the plane?** 비행기에 ~ 갖고 타야 하나요?

▶ 조동사 should는 가벼운 의무나 권고를 나타내는 말로 Should I ~?는 '내가 ~해야 하나요?'의 뜻입니다.

**3  Put it in a ~.** 그것을 ~에 넣으세요.

▶ 같은 의미로 이렇게 명령문을 사용해 표현할 수 있어요.

**4  When can I ~?** 제가 언제 ~할 수 있나요?

▶ may 대신 can으로 쓸 수도 있어요. 하지만 may가 듣기에 더 정중하게 들린다는 사실.

**5  Do you prefer to pay ~?** ~로 지불하고 싶어요?/ ~로 지불하는 게 더 좋아요?

▶ 자신의 의견을 말하는 문장에서 상대방의 의견을 물어보는 문장으로 바꿔 훈련합니다.

**6  They confiscated ~.** 그들이 ~를 압수했어요.

▶ 이번 문장은 압수한 당사자를 명확하게 내세우고 있어요. 이때는 〈be동사+과거분사〉가 아니라 바로 동사를 쓰는 것에 주의하세요.

UNIT 7

# 백화점에서 1
## At the Department Store 1

**미엘린층 만들기** 큰소리로 낭독하고 외우면 영어 고속도로(미엘린층)가 생겨요!

**What time do you close today?**
오늘 몇 시에 닫으세요?

what time 몇 시에
close (가게 문을) 닫다
today 오늘

**I'm just browsing.**
그냥 구경하는 거예요.

just 단지, 그냥
browse 둘러보다

**Do you have anything cheaper?**
더 싼 것 있어요?

anything (어떤) 것
cheaper 더 저렴한

**How much is this?**
이건 얼마예요?

**I'm looking for a new perfume.**
전 새로 나온 향수를 찾고 있어요.

look for ~를 찾다
perfume 향수

**I'll take this.**
이걸로 할게요.

take 선택하다

**Check It Out!** 낭독하기 ☐☐☐☐☐ ☐☐☐☐☐
암송하기 ☐☐☐☐☐ ☐☐☐☐☐

**알아두세요.**
cheap은 '저렴한'인데, 여기에 -er을 붙이면 '더 저렴한'의 뜻이 돼요. anything은 예쁜 것, 좋은 것의 '것'에 해당하는 말로, 물어보는 문장, not이나 no가 들어간 부정문에서는 anything을 써요. 참고로 긍정 평서문일 때는 something이라고 표현합니다.

**해석하고 따라 쓰기** 눈으로만 보면 안 돼요. 우리말 해석을 쓰고 영어 문장을 따라 쓰세요.

1 What time do you close today?

▶ close가 동사로 '(문 등을) 닫다'의 뜻으로 쓰이면 [클로우즈]라고 발음하는 것, 주의해 주세요.

2 I'm just browsing.

▶ 누구의 방해도 안 받고 쇼핑하고 싶은데 점원이 와서 May I help you?(뭘 도와드릴까요?)라고 할 때, 요 한마디만 하세요. 편하게 쇼핑할 수 있습니다.

3 Do you have anything cheaper?

▶ cheaper anything이라고 하지 마세요. anything은 특이하게 꾸며 주는 말이 뒤에 놓여요.

4 How much is this?

▶ 가격을 물어볼 때 쓰는 가장 기본 표현입니다. 무조건 외워 두세요.

5 I am looking for a new perfume.

▶ look for는 원하는 것을 얻기 위해 찾는 것을 뜻합니다. 원하는 걸 찾았을 때는 find(찾다)를 쓰세요.

6 I'll take this.

▶ 어느 걸 살까 고민하다 드디어 결정하고서 하는 한마디, "이걸로 할게요." 여기서 take는 '취하다, 가져가다'의 의미예요. 꼭 백화점이 아니라 여러 매장이나 상황에서 활용할 수 있어요.

UNIT 8

## 응용하기

주어진 표현에 어구만 바꿔서 문장을 써 보세요.

듣기 & 말하기 ☐☐☐☐☐  ☐☐☐☐☐

1. **What time ~?** 몇 시에 ~해요?
   does the store open (가게가 문을 열어요) / does the shuttle bus leave (셔틀버스가 떠나요)

2. **I'm just ~.** 그냥 ~하는 거예요.
   waiting for my friends (친구를 기다리는) / looking up some information (정보를 찾고 있는)

3. **Do you have anything ~?** ~인 것 있어요?
   bigger (더 큰) / smaller (더 작은)

4. **How much ~?** ~는 얼마예요? / 얼마나 ~예요?
   does it cost (비용이 들다) / are they (그것들은)

5. **I am looking for ~.** 전 ~를 찾고 있어요.
   a light overcoat (가벼운 외투) / a cheap used car (저렴한 중고자동차)

6. **I'll ~ this.** 저 이걸 ~할게요.
   buy (사다) / use (쓰다, 사용하다)

## 확장 응용하기

옆 페이지에 쓴 문장을 다음에 나온 표현에 맞게 다시 쓰세요.

1  **When ~?** 언제 ~해요?

▶ what time 대신 when을 쓸 수 있어요.

2  **We're just ~ now.** 저희 지금 그냥 ~하는 거예요.

▶ 주어가 I에서 We로 바뀌면서 be동사도 am에서 are로 바뀌었어요. 그렇다면 my도 our로 바꿔야겠죠?

3  **Do you have anything ~ than that?** 그것보다 ~인 것 있어요?

▶ bigger나 smaller처럼 '더 ~한'의 의미를 가진 말을 비교급이라고 해요. 뒤에 〈than+비교대상〉을 붙여 어떤 것보다 더 ~한지 명확하게 나타내기도 하지요.

4  **How much ~?** ~는 얼마예요? / 얼마나 ~예요?

▶ 중요한 거라서 한 번 더 써 보도록 하세요.

5  **I was looking for ~ at that time.** 전 그때 ~를 찾고 있었어요.

▶ am을 was로 바꾸면 과거의 어떤 시점에서 행해지고 있었던 일을 표현하게 돼요.

6  **I won't ~ this.** 저 이걸 안 ~할래요.

▶ will의 부정형은 will not이지만 주로 won't로 축약해 씁니다.

UNIT 8

# UNIT 9 백화점에서 2
## At the Department Store 2

**미옐린층 만들기** 큰소리로 낭독하고 외우면 영어 고속도로(미옐린층)가 생겨요!

**Do you have this in black?**
이거 검정색으로 있나요?

black 검정색
in+색깔 ~한 색깔로

**It's very expensive.**
매우 비싸네요.

expensive 값비싼

**Where is the fitting room?**
탈의실은 어디인가요?

fitting room 탈의실

**This is too tight.**
이건 너무 꽉 끼어요.

too 너무    tight 꽉 끼는

**Can I try this on?**
이거 입어 봐도 돼요?

Can I+동사원형 ~? ~해도 돼요?(허락)
try on ~를 입어 보다

**Do you take credit cards?**
신용카드 받아요?

take 받다, 수락하다
credit card 신용카드

**Check It Out!**  낭독하기  암송하기

### 알아두세요.
우리말 '너무'는 '너무 예뻐요/맛있어요' 같은 긍정의 내용에도, '너무 비싸요/못생겼어요' 같은 부정의 내용에도 쓰입니다. 하지만 영어는 긍정의 뜻일 때의 '너무'는 so로, 부정의 뜻일 때의 '너무'는 too로 구별해서 쓰는 거, 꼭 알아두세요.

## 해석하고 따라 쓰기

눈으로만 보면 안 돼요. 우리말 해석을 쓰고 영어 문장을 따라 쓰세요.

1. Do you have this in black?

▶ 〈in+색깔〉은 '~한 색깔로'와 '~한 색의 옷을 입은'의 두 가지 뜻이 있어요. 문맥에 맞게 사용하세요.

2. It's very expensive.

▶ It은 '그것'의 뜻일 수도 있고, 가격 등을 나타내는 문장에 별 의미 없이 주어 자리에 쓰는 말일 수도 있어요.

3. Where is the fitting room?

▶ 옷 가게 등에서 손님들이 들어가 옷을 갈아 입을 수 있게 만든 공간을 fitting room이라고 해요.

4. This is too tight.

▶ too(너무)는 '지나치게 ~하다'는 부정적인 뉘앙스를 지녀요. tight의 반대말은 loose(헐거운)입니다.

5. Can I try this on?

▶ try on은 '입어 보다'이고, 구매 전에 시험 삼아 써 보는 것은 try out으로 표현합니다

6. Do you take credit cards?

▶ take가 '받다'(receive)의 의미로 쓰일 때의 표현으로 이외에 take a call(전화를 받다), take an offer(제안을 받아들이다)가 있어요.

UNIT 9

## 응용하기

주어진 표현에 어구만 바꿔서 문장을 써 보세요.

듣기 & 말하기

**1  Do you have this in ~?** 이거 ~로 있나요?

red (붉은색) / white (흰색)

___

**2  It's very ~.** 매우 ~하네요.

big (큰) / small (작은)

___

**3  Where is the ~?** ~는 어디에 있나요?

dining room (식당) / conference room (회의실)

___

**4  This is too ~.** 이건 너무 ~해요.

revealing (몸매가 드러나는) / short (길이가 짧은)

___

**5  Can I ~?** 제가 ~해도 돼요?

try this out (이것을 시험 삼아 사용해 보다) / buy this on credit (이것을 외상으로 사다)

___

**6  Do you take ~?** ~ 받으세요?

personal checks (개인수표) / cash (현금)

## 확장 응용하기

옆 페이지에 쓴 문장을 다음에 나온 표현에 맞게 다시 쓰세요.

1 **We have this in ~.** 저희한테 ~로 이게 있어요.

▶ 종업원에게 Do you have this in ~?라고 물을 때 들을 수 있는 답변이에요. 이때 내가 갖고 있는 게 아니라 내가 속한 가게가 갖고 있을 때는 I have가 아니라 We have로 답합니다.

2 **It's too ~.** 너무 ~해요.

▶ very 대신 too를 쓰면 부정적인 뉘앙스를 띠는 문장으로 바뀝니다.

3 **Where was the ~?** ~는 어디 있었어요?

▶ 지금이 아니라 과거에 어디 있었는지 궁금할 때는 동사를 과거형으로 바꿉니다. is의 과거형은 was죠.

4 **Isn't this too ~?** 이건 너무 ~이지 않나요?

▶ 우리도 '배고파요?'라고도 물어보고 '배고프지 않아요?'라고도 물어보죠? 원어민들도 똑같이 그렇게 물어본답니다.

5 **I'd like to ~.** 저 ~하고 싶어요.

▶ 〈would like to+동사원형〉은 '~하고 싶다'는 소망을 나타내요. want to로 바꿔 쓸 수도 있어요.

6 **We don't take ~.** 저희는 ~를 받지 않아요.

▶ Do you take ~?에 대한 답으로 We take/We don't take ~를 사용할 수 있어요.

UNIT 9

# UNIT 10 백화점에서 3
## At the Department Store 3

미엘린층 만들기    큰소리로 낭독하고 외우면 영어 고속도로(미엘린층)가 생겨요!

**Can you give me a discount?**
할인해 줄 수 있어요?

discount 할인
give someone a discount ~에게 할인을 해주다

**I will pay in cash.**
현금으로 낼게요.

pay 지불하다
in cash 현금으로

**Is this on sale?**
이거 세일 중인가요?

on sale 세일 중인(할인 판매 중인)

**Could I have a receipt, please?**
영수증 좀 주시겠어요?

receipt 영수증

**Do you have these in my size?**
제 사이즈로 이것들이 있나요?

size 치수
in one's size ~ 사이즈로

**Can I get a refund?**
환불 받을 수 있을까요?

get a refund 환불 받다

**Check It Out!**
낭독하기 ☐☐☐☐☐ ☐☐☐☐☐
암송하기 ☐☐☐☐☐ ☐☐☐☐☐

**알아두세요.**
1. on sale과 for sale의 차이를 알아두세요. on sale는 정가보다 더 싸게 '할인해서 파는' 걸 뜻하고요, for sale은 '현재 판매 중인'의 뜻입니다. Is this for sale? 하면 '이거 현재 파는 거예요?'의 뜻입니다.
2. Could I ~?는 '제가 ~해도 되겠습니까?'로 Can I ~?보다 더 정중하게 말할 때 씁니다. 그래서 Could I have ~?는 '제가 ~을 가져도 되겠습니까?' 즉, '~를 주시겠어요?'의 뜻이 되지요.

## 해석하고 따라 쓰기

눈으로만 보면 안 돼요. 우리말 해석을 쓰고 영어 문장을 따라 쓰세요.

1. Can you give me a discount?

2. I will pay in cash.

▶ '현금으로'는 in cash, '신용카드로'는 by credit card를 씁니다. 단어에 따라 앞에 붙는 말이 달라지는 것에 주의하세요.

3. Is this on sale?

4. Could I have a receipt, please?

▶ receipt은 1) 영수증 2) 수령 두 가지 뜻이 있어요. 1)로 쓰일 때는 셀 수 있는 명사라서 a receipt(영수증 한 개)처럼 씁니다.

5. Do you have these in my size?

6. Can I get a refund?

▶ 우리말 인식 체계와 달리 영어에서 '환불'의 뜻인 refund는 셀 수 있는 명사로 봅니다. 그래서 refund 앞에 a를 쓸 수 있답니다.

UNIT 10

## 응용하기

주어진 표현에 어구만 바꿔서 문장을 써 보세요.

듣기 & 말하기

**1  Can you give me ~?** (당신) ~해 줄 수 있어요?
a 10 % discount on cash purchases (현금 구매에 10퍼센트 할인) / a better deal (더 좋은 거래 조건)

**2  I will pay ~.** ~로 낼게요.
by check (수표로) / by credit card (신용카드로)

**3  Is this ~?** 이거 ~인가요?
for sale (판매하는) / on a bargain sale (바겐세일 중인)

**4  Could I have ~, please?** ~ 좀 주시겠어요?
some more water (물 더) / the bill (계산서)

**5  Do you have these in ~?** 이것들이 ~로 있나요?
size four (4 사이즈) / medium size (중간 사이즈)

**6  Can I get ~?** ~를 받을 수 있나요?
the results of the interview (인터뷰 결과) / a guide map of the city (도시 안내 지도)

## 확장 응용하기

옆 페이지에 쓴 문장을 다음에 나온 표현에 맞게 다시 쓰세요.

1 **Can I get ~?** ~을 받을 수 있을까요?

▶ 옆 페이지 문장이 상대를(you) 주어로 해서 물어본 거라면 지금 이것은 나를(I) 주어로 해서 물어보는 거예요.

2 **I paid ~.** ~로 지불했어요.

▶ 미래시제를 과거시제로 바꿔서 말하는 문장입니다. pay는 pay-paid-paid로 바뀝니다.

3 **When will this be ~?** 이건 언제 ~일 건가요?

▶ 정확한 미래 시점을 알기 위해 물어보는 문장이에요. 〈의문사+조동사+주어+동사원형 ~?〉의 어순으로 물어보는 것, 꼭 기억하세요.

4 **Excuse me, could I have ~, please?** 실례지만, ~ 좀 주시겠어요?

▶ 상대방에게 처음 말을 걸면서 부탁할 때는 이렇게 Excuse me,라고 말하는 게 좋습니다.

5 **Did you have these in ~?** 이것들이 ~로 있었나요?

▶ 현재시제에서 과거시제로 물어보는 의문문이에요. 과거 의문문은 Do나 Does를 Did로 바꾸면 돼요.

6 **Can you give me ~?** ~를 제게 주시겠어요?

▶ Can I get ~?은 주어와 동사를 바꾸어 Can you give me ~?로 표현 가능해요.

## REVIEW UNIT 6-10

**확인학습** 다음 우리말 문장을 영어로 쓰세요.

1  기념품으로 뭐가 인기 있어요?

   ▶ _____

2  이걸로 할게요.

   ▶ _____

3  배송 서비스가 있나요?

   ▶ _____

4  전 새로 나온 향수를 찾고 있어요.

   ▶ _____

5  면세 허용 한도가 얼마죠?

   ▶ _____

6  이거 검정색으로 있나요?

   ▶ _____

7  면세 구입품은 500달러를 초과해서는 안 돼요.

   ▶ _____

8  탈의실은 어디인가요?

   ▶ _____

9  그것들을 따로따로 포장해 주세요.

   ▶ _____

10 이거 입어 봐도 돼요?

   ▶ _____

11 이거 비행기에 갖고 타도 돼요?

▶ _____

12 신용카드 받아요?

▶ _____

13 면세품은 언제 개봉할 수 있나요?

▶ _____

14 할인해 줄 수 있어요?

▶ _____

15 전 한국 돈으로 지불하고 싶어요.

▶ _____

16 이거 세일 중인가요?

▶ _____

17 그냥 구경하는 거예요.

▶ _____

18 환불 받을 수 있을까요?

▶ _____

19 더 싼 것 있어요?

▶ _____

20 제 사이즈로 이것들이 있나요?

▶ _____

# UNIT 11

## 호텔에서 1
### At the Hotel 1

**미옐린층 만들기** 큰소리로 낭독하고 외우면 영어 고속도로(미옐린층)가 생겨요!

**I'd like to make a reservation.**
예약하고 싶은데요.

would like to+동사원형 ~하고 싶다
make a reservation 예약하다

**I will be staying for three nights.**
3일 머물 거예요.

stay 머물다
three nights 3박

**A room with a double bed, please.**
2인용 침대 방으로 주세요.

double bed 2인용 침대

**I would like to have a room with an ocean view.**
바다 전망이 보이는 방을 원합니다.

ocean view 바다 전망

**What is the room rate?**
객실 요금이 얼마죠?

rate 요금

**I will be arriving on March 2nd.**
3월 2일에 도착해요.

arrive 도착하다
March 3월

**Check It Out!**
낭독하기 ☐☐☐☐☐ ☐☐☐☐☐
암송하기 ☐☐☐☐☐ ☐☐☐☐☐

**알아두세요.**
1. 영어에서 〈will be+동사-ing〉 형태를 미래진행형이라고 해요. 미래의 특정한 시점에서 말하는 당사자가 하고 있을 행동을 나타내고 싶을 때 이렇게 표현한답니다. 그냥 〈will+동사원형〉을 쓰는 것보다 동작의 활동성을 더 강조하는 느낌이라고 보면 돼요.
2. would like to도 '~하고 싶다'이고, want to도 '~하고 싶다'인데요, 전자 쪽이 좀 더 격식을 갖춘 느낌을 줍니다.

### 해석하고 따라 쓰기

눈으로만 보면 안 돼요. 우리말 해석을 쓰고 영어 문장을 따라 쓰세요.

1  I'd like to make a reservation.

▶ would는 주어 뒤에 놓여 'd로 축약돼 쓸 수 있어요. 특히 주어가 대명사일 경우에는 거의 축약해서 많이 씁니다.

2  I will be staying for three nights.

▶ for three days(3일 동안)은 예를 들어 14, 15, 16일 이렇게 머무는 거고요, for three nights(3일 동안)은 14, 15, 16일 세 밤 자고 그 다음날 17일 체크아웃할 때까지 머문다는 뜻입니다.

3  A room with a double bed, please.

▶ double bed는 두 명이 잘 수 있는 침대를 말해요. 참고로 1인용 침대가 두 개 있는 방은 twin bedroom이라고 합니다.

4  I would like to have a room with an ocean view.

▶ view는 '전망'의 뜻이며, 이 문장에서 with는 '~이 딸린, ~을 갖춘'의 의미입니다.

5  What is the room rate?

▶ rate는 '요금'으로 가격이 책정되어 있는 서비스 요금을 뜻할 때 씁니다.

6  I will be arriving on March 2nd.

▶ 특정한 날짜를 가리켜 '00 날짜에'를 표현할 때는 〈on+날짜〉로 나타냅니다.

UNIT 11

## 응용하기

주어진 표현에 어구만 바꿔서 문장을 써 보세요.

듣기 & 말하기 ☐☐☐☐☐ ☐☐☐☐☐

**1  I'd like to ~.** ~하고 싶어요.

talk to someone in charge (담당자와 이야기하다) / reserve a tennis court for 2 p.m. (오후 두 시로 테니스 코트를 예약하다)

---

**2  I will be staying ~.** ~ 머물 거예요.

at Tower Hotel (타워호텔에서) / from 5th of June to 8th of June (6월 5일부터 8일까지)

---

**3  A room with ~, please.** ~ 딸린 방으로 주세요.

twin beds (트윈 베드: 1인용 침대 두 개) / a balcony (발코니)

---

**4  I'd like to have a room with ~.** ~을 갖춘 방을 원합니다.

easy access to dining (식당으로 쉽게 접근) / a bathtub (욕조)

---

**5  What is the ~ rate?** ~ 요금은 얼마예요?

subscription (신문 구독) / hourly parking (시간당 주차)

---

**6  I will be arriving ~.** 전 ~ 도착할 거예요.

on the last bus (마지막 버스로) / as planned (예정대로)

## 확장 응용하기

옆 페이지에 쓴 문장을 다음에 나온 표현에 맞게 다시 쓰세요.

**1  I want to ~.** ~하고 싶어요.

▶ would like to에서 would like 대신 want로 바꿔 말할 수 있어요.

**2  I'm going to stay ~.** ~ 머물 거예요.

▶ 〈be going to+동사원형〉은 하기로 계획되어 있는 걸 하겠다는 의미예요. 진행의 의미는 전하지 않아요.

**3  Could I get a room with ~, please?** ~ 딸린 방으로 주시겠어요?

▶ A room with ~, please.보다 아주 정중하고 격식을 갖추려면 Could I get을 넣어 말하면 돼요.

**4  I'd like to have a room with ~.** ~을 갖춘 방을 원합니다.

▶ 중요한 문장이니까 한 번 더 연습해 봅시다.

**5  How much is the ~ rate?** ~ 요금은 얼마인가요?

▶ What 대신 How much를 넣어도 똑같이 가격을 묻는 문장이에요.

**6  I am arriving ~.** 전 ~ 도착해요.

▶ 〈be동사 현재형+동사-ing〉는 현재 진행 중인 일 외에 거의 하기로 확정된 일을 나타낼 때도 씁니다. 그래서 해석도 '~할 거예요'가 아니라 '~합니다'처럼 하는 것, 기억해 두세요.

UNIT 11

# UNIT 12 호텔에서 2
## At the Hotel 2

**미엘린층 만들기** 큰소리로 낭독하고 외우면 영어 고속도로(미엘린층)가 생겨요!

**Be sure to check in before five.**
5시 전에 꼭 체크인하도록 하세요.

be sure to 반드시 ~하다
check in (호텔 등에) 체크인하다
before ~ 전에

**You are in room 1104.**
손님 객실번호는 1104호입니다.

**Do you accept Visa?**
비자카드 받으세요?

accept 받다

**Now here is your key.**
자, 여기 열쇠 있습니다.

now 자
here is 여기 ~가 있다

**Dial 0 if you need anything.**
필요한 게 있으시면 0번을 누르세요.

dial 다이얼을 돌리다, (전화기에서 번호판을) 누르다   need 필요로 하다
anything 어떤 것이든, 무엇이든

**One second, please.**
잠시만 기다려 주세요.

one second 아주 잠시

**Check It Out!**   낭독하기 ☐☐☐☐☐ ☐☐☐☐☐
            암송하기 ☐☐☐☐☐ ☐☐☐☐☐

**알아두세요.**
1. 방 번호 1104 같은 네 자리 수는 두 자리씩 끊어서 말하면 됩니다. 즉, 11(eleven) 04(oh four)처럼요.
2. Now는 '이제, 지금'의 뜻 외에 문장의 처음이나 끝 자리에서 '자, ~'의 의미로도 쓰입니다.
3. one second는 '1초'란 뜻이에요. 1초는 무척 짧은 시간이죠? 그래서 '아주 잠시'의 뜻으로 쓰인답니다.

**해석하고 따라 쓰기**  눈으로만 보면 안 돼요. 우리말 해석을 쓰고 영어 문장을 따라 쓰세요.

1  Be sure to check in before five.

▶ Be sure to만큼 우리말의 '꼭/반드시 ~하세요'라는 뜻을 정확히 나타내는 표현은 찾기 어려워요^^

2  You are in room 1104.

▶ 직역하면 '당신은 1104호에 머뭅니다'이지만, '손님 객실 번호는 1104호입니다'의 의미예요. 숙박업소에서 꼭 듣는 표현이니 반드시 익혀 두세요.

3  Do you accept Visa?

▶ accept 대신 take를 써도 같은 의미입니다. 참고로 Visa 뒤에 card를 안 붙이고 Visa만 해도 워낙 유명한 고유명사라 바로 통합니다.

4  Now here is your key.

▶ 물건을 상대에게 건네면서 하는 말로 Here is ~는 '여기 ~ 있습니다.'의 뜻이에요.

5  Dial 0 if you need anything.

▶ anything(어떤 것)은 주로 이렇게 if가 쓰인 조건문에서 많이 쓰여요.

6  One second, please.

▶ one second 외에 one minute(1분) 역시 구어체에서 '잠깐만요.'의 뜻으로 쓰입니다.

UNIT 12

## 응용하기

주어진 표현에 어구만 바꿔서 문장을 써 보세요.

듣기 & 말하기

1. **Be sure to ⋯ before ~.** ~ 전까지 꼭 ⋯하세요.
   check out–twelve (체크아웃하다-12시) / arrive–noon (도착하다-정오)

2. **You are in room ~.** 손님 객실번호는 ~호입니다.
   1302 (1302호) / 601 (601호)

3. **Do you accept ~?** ~ 받으세요?
   American dollars (미국 달러) / traveler's checks (여행자 수표)

4. **Now here is your ~.** 자, 여기 ~ 있어요.
   change (잔돈) / coffee (커피)

5. **~ if you need anything.** 필요한 게 있으면 ~.
   Please let me know (제게 알려주세요) / Call me (제게 전화하세요)

6. **One ~, please.** 잠시만 기다려 주세요.
   minute (잠깐) / moment (잠시의 순간)

## 확장 응용하기

옆 페이지에 쓴 문장을 다음에 나온 표현에 맞게 다시 쓰세요.

1  **Make sure to … before ~.**  ~ 전까지 꼭 …하세요.

▶ be sure to는 make sure to로 바꿔서 표현할 수 있어요.

2  **Your room number is ~.**  손님의 객실번호는 ~호입니다.

▶ 객실번호를 말할 때는 One's room number is ~.로도 표현할 수 있어요.

3  **Can I pay by ~?**  ~로 지불할 수 있나요?

▶ [pay+by+지불수단]은 '~로 지불하다'예요. '~을 받으세요?'는 결국 '~로 지불 가능하냐'는 이야기니까 Can I pay by ~?로 물어볼 수 있습니다.

4  **Now here is your ~.**  자, 여기 ~ 있어요.

▶ 중요한 거니까 한 번 더 써 볼게요. 그리고 건네는 물품을 언급하지 않고 '여기 있습니다'라고 말할 때는 Here it is.라고만 해도 됩니다.

5  **~ when you need something.**  뭔가 필요하면 ~.

▶ anything이 조건문이나 no, not, never가 들어간 부정문에 쓰인다면 그 외의 긍정문에서는 something을 씁니다.

6  **Wait one ~, please.**  잠시만 기다려 주세요.

▶ One minute./One second.는 사실 앞에 Wait가 생략된 표현이에요.

UNIT 12

# UNIT 13

## 호텔에서 3
### At the Hotel 3

**미엘린층 만들기** 큰소리로 낭독하고 외우면 영어 고속도로(미엘린층)가 생겨요!

---

**What time is check-out?**
체크아웃이 몇 시예요?

what time 몇 시
check-out 체크아웃

**I am calling from room number 1104.**
1104호에서 전화하는 건데요.

call 전화하다

**I'd like to order breakfast in my room.**
객실에서 아침 식사 주문하고 싶은데요.

order 주문하다
breakfast 아침 식사

**Please send me someone to pick up the laundry.**
세탁물 수거해 가도록 사람 좀 보내주세요.

send A B A에게 B를 보내다
pick up 수거하다
laundry 세탁물

**How long will it take to get to the train station?**
기차역까지 가는 데 얼마나 걸릴까요?

How long 얼마나 오래
take 시간이 걸리다
get to ~에 도착하다
train station 기차역

**I have a few complaints.**
불만사항이 몇 개 있습니다.

a few 몇 개의
complaint 불평거리, 불만사항

---

**Check It Out!**
낭독하기 ☐☐☐☐☐ ☐☐☐☐☐
암송하기 ☐☐☐☐☐ ☐☐☐☐☐

---

**알아두세요.**

1. 〈to+동사원형〉이 나오면 무조건 '~하기 위해서'로 해석하는 것, 이제부터 조금 자제해 주세요. 물론 그런 뜻으로 많이 쓰이긴 하지만 앞에 나온 단어를 꾸며 주면서 '~할, ~하는'의 의미로도 쓰입니다.
e.g. I need someone to help me. 저를 도와줄 누군가가 필요해요.

2. How long ~?은 '얼마나 오래 ~?'로 걸리는 기간이나 시간을 물어볼 때 씁니다.

## 해석하고 따라 쓰기

눈으로만 보면 안 돼요. 우리말 해석을 쓰고 영어 문장을 따라 쓰세요.

1  What time is check-out?

2  I'm calling from room number 1104.

▶ 이때의 from은 '~로부터'의 뜻으로 출발지나 근원지를 나타냅니다.

3  I'd like to order breakfast in my room.

▶ 방에서 룸서비스 시킬 때 쓸 수 있는 표현이에요. 참고로 breakfast(아침 식사), lunch(점심 식사), dinner(저녁 식사)는 앞에 a나 the 없이 씁니다.

4  Please send me someone to pick up the laundry.

▶ to pick up the laundry는 앞에 나온 someone을 꾸며 주는 역할을 합니다.

5  How long will it take to get to the train station?

▶ 해당 행위를 하는 데 시간이 얼마나 소요될지 궁금할 때 물어보는 표현으로 간단하게 How long will it take?라고만 물어보기도 합니다.

6  I have a few complaints.

▶ a few는 '소량으로 있는'의 뜻인데, 셀 수 있는 명사 앞에서 씁니다.

UNIT 13

## 응용하기

주어진 표현에 어구만 바꿔서 문장을 써 보세요.

듣기 & 말하기

**1  What time is ~?**  ~는 몇 시예요?
the first flight to London (런던행 첫 비행기) / our appointment with Dr. Lee (이 선생님과의 약속)

**2  I'm calling from ~.**  ~에서 전화하는 거예요.
Seoul, Korea (한국의 서울) / New York (뉴욕)

**3  I'd like to order ~ in my room.**  객실에서 ~ 주문하고 싶어요.
some food (약간의 음식) / some room service (룸 서비스 몇 가지)

**4  Please send me someone to ~.**  ~할 사람 좀 보내주세요.
pick us up (우리를 태우러 오다) / fix this (이것을 고치다)

**5  How long will it take to ~?**  ~하는 데 시간이 얼마나 걸릴까요?
finish your work (일을 마치다) / go to Hawaii by airplane (비행기로 하와이 가다)

**6  I have a few ~.**  ~가 몇 개 있어요.
questions (질문들) / problems (문제들)

## 확장 응용하기

옆 페이지에 쓴 문장을 다음에 나온 표현에 맞게 다시 쓰세요.

1  **When is ~?** ~는 언제예요?

_____

_____

▶ 정확한 시간을 묻는 what time(몇 시) 대신 when(언제)으로 물을 수 있어요.

2. **I called from ~.** ~에서 전화했어요.

_____

_____

▶ 현재진행형에서 과거로 시제를 바꿔 말해요. 과거는 예전에 있었던 사실을 담담히 전하는 역할을 합니다.

3  **I'd like to order ~ for tomorrow morning.** 내일 아침을 위해 ~ 주문하고 싶어요.

_____

_____

▶ 장소를 나타내는 in my room 대신 시간을 나타내는 for tomorrow morning을 써서 표현했어요.

4  **Could you please send me someone to ~?** ~할 사람 좀 보내주시겠어요?

_____

_____

▶ 〈Please+동사원형 ~〉으로 명령하는 것보다 〈Could you please+동사원형 ~?〉이 더욱 정중하게 부탁하는 표현이에요.

5  **How many days will it take to ~?** ~하는 데 며칠이나 걸릴까요?

_____

_____

▶ 단순히 한두 시간이 아니라 몇 날 며칠이 걸릴 것 같을 때는 이렇게 물어볼 수도 있어요.

6  **I have some ~.** ~가 좀 있어요.

_____

_____

▶ a few는 '많지 않은, 두서너 개'의 의미인 반면 some은 정확하게 수량을 언급하지 않으면서 어느 정도 있는 것을 뜻합니다.

## UNIT 14 택시 타기 1
### Taking a Taxi 1

**미엘린층 만들기** 큰소리로 낭독하고 외우면 영어 고속도로(미엘린층)가 생겨요!

**Would you call a taxi for me, please?**
택시 좀 불러 주시겠어요?

call (전화로) 부르다
Would you + 동사원형 ~? ~해 주시겠어요?
for me 나 대신, 날 위해

**Please send a taxi to this address.**
이 주소로 택시 좀 보내주세요.

send ~을 보내다
address 주소

**I am going to the airport.**
저 공항으로 가요.

airport 공항

**I'm in a bit of a rush.**
좀 급해요.

be in a rush 다급하다, 급하다
a bit of 조금, 약간

**I must get there by noon.**
정오까진 반드시 거기에 도착해야 해요.

must ~해야 한다
get there 거기 도착하다
by noon 정오까지

**There's a traffic jam.**
교통체증이 있네요.

traffic jam 교통체증

**Check It Out!**  낭독하기  암송하기

**알아두세요.**
Would you call a taxi for me?의 call은 '전화로 ~를 불러주다'란 뜻이에요. 따라서 '(이름을) ~라고 부르다'란 뜻으로 착각하여 '나를 택시라고 불러주겠어요?'처럼 착각하지 않도록 조심하세요. 이렇게 착각하면 Yes, you're a taxi. (네, 당신은 택시입니다.)라는 웃지 못할 대답을 할 수 있거든요.

**해석하고 따라 쓰기** 눈으로만 보면 안 돼요. 우리말 해석을 쓰고 영어 문장을 따라 쓰세요.

1 Would you call a taxi for me, please?

2 Please send a taxi to this address.

▶ 이렇게 말한 다음 택시가 와야 할 주소를 말하면 됩니다.

3 I am going to the airport.

▶ 길 가다 만난 친구가 '너 지금 어디 가?'라고 물을 때 이렇게 답하면 '나 지금 공항에 가고 있어'의 뜻이고요, 30분 후에 공항에 가기로 되어 있는데, 친구가 '너 좀 있다 뭐 할 거야?'라고 물어볼 때 이렇게 답하면 '나 공항에 가.'로 확정된 미래의 일을 나타냅니다. 〈be동사 현재형+동사-ing〉가 꼭 현재 하고 있는 행동만 나타내지는 않아요.

4 I'm in a bit of a rush.

▶ 약속 시간에 늦어서 빨리 가야 할 때 택시 기사에게 이렇게 말하면 good!

5 I must get there by noon.

▶ must는 반드시 해야만 하는 강제성을 나타내요. must를 썼다는 건 정오까지 도착해도 그만, 안 해도 그만이라는 뜻이 아니라, 꼭 그래야만 한다는 의미이지요. 이렇게 얘기하면 기사 분이 더 속도를 내서 가겠죠?

6 There's a traffic jam.

▶ 세계 어디를 가나 대도시의 교통 상황은 늘 안 좋습니다. 교통체증도 엄청 심하죠. 우리말과 달리 영어에서 '교통체증(traffic jam)'은 셀 수 있는 단어로 취급해서 앞에 a를 붙인답니다.

UNIT 14

## 응용하기

주어진 표현에 어구만 바꿔서 문장을 써 보세요.

듣기 & 말하기

**1  Would you ~ for me, please?** ~ 좀 해 주시겠어요?

hold this (이것을 들고 있다) / wrap this (이것을 포장하다)

---

**2  Please send a taxi to ~.** ~로 택시 보내주세요.

the hotel (호텔) / my office (제 사무실)

---

**3  I'm going to ~.** 저 ~로 가요.

the express bus terminal (고속버스 터미널) / Seoul Station (서울역)

---

**4  I'm in ~.** 전 ~에 있는 상태예요.

a hurry (서두름) / a bad mood (안 좋은 기분)

---

**5  I must get there ~.** 난 거기에 ~ 도착해야만 해요.

on time (제 시간에) / before it's too late (너무 늦기 전에)

---

**6.  ~ a traffic jam.** 교통체증 ~.

I'm stuck in (난 ~에 걸려 있다) / He is late because of (그는 ~로 인해 지각이다)

## 확장 응용하기

옆 페이지에 쓴 문장을 다음에 나온 표현에 맞게 다시 쓰세요.

1 **Do you want me to ~ for you?** 제가 ~해 주길 원해요? (= ~해 드릴까요?)

▶ 이번에는 내가 상대방에게 호의를 베풀고 싶을 때 쓰는 표현으로, Do you want me to ~?는 '제가 ~해 드릴까요?'의 뜻이에요.

2 **Is it okay to send a taxi to ~?** ~로 택시 보내도 괜찮겠어요?

▶ <Is it okay to+동사원형 ~?>은 명령의 느낌을 배제한 부탁의 뉘앙스를 전해요.

3 **You know, I'm going to ~.** 있잖아요, 저 ~로 가요.

▶ You know,는 문장 앞에 놓아 다음 말을 생각할 때 씁니다. '저기/있잖아/그러니까'의 뜻이에요.

4 **You're sure in ~.** 당신 정말 ~에 있는 상태군요.

▶ sure는 '틀림없이'라는 의미로 말하는 사람의 확신을 표현해요.

5 **We might get there ~.** 우리는 거기에 ~ 도착할지도 몰라요.

▶ 주어가 I에서 We로, must가 '~일지도 모른다'는 가능성을 나타내는 might로 바뀌었어요.

6 **과거시제+a traffic jam.** 교통체증 ~ 했어요.

▶ am의 과거형은 was, is의 과거형도 was입니다.

UNIT 14

## UNIT 15
# 택시 타기 2
### Taking a Taxi 2

**미엘린층 만들기** 큰소리로 낭독하고 외우면 영어 고속도로(미엘린층)가 생겨요!

**How much will it cost?**
요금이 얼마나 나올까요?

How much 얼마나 (많이)
cost 비용이 들다

**Please take the quickest route.**
가장 빠른 길로 가 주세요.

take (교통수단이나 도로 등을) 타다
quick (시간적으로) 빠른
route 경로, 길

**Keep the change.**
잔돈은 가지세요.

keep 가지고 있다
change 잔돈

**Try a different way.**
다른 길로 가 보세요.

try 시험 삼아 해 보다
different 다른

**It's been nice chatting with you.**
대화 나눠서 즐거웠습니다.

chat with ~와 잡담을 나누다

**Could you slow down please?**
속도 좀 낮춰 주시겠어요?

Could you+동사원형 ~? ~해 주시겠어요?
slow down 속도를 낮추다

**Check It Out!** 낭독하기 ☐☐☐☐☐ ☐☐☐☐☐
암송하기 ☐☐☐☐☐ ☐☐☐☐☐

**알아두세요.**
동사 take는 정말로 뜻이 다양해요. 도로나 교통수단과 관련해서 '택시를 타다', '자유로를 타다' 처럼 '~을 타다'라고 할 때 이 **take**를 씁니다.

**해석하고 따라 쓰기**  눈으로만 보면 안 돼요. 우리말 해석을 쓰고 영어 문장을 따라 쓰세요.

1 How much will it cost?

▶ 가격이나 비용, 요금을 물어볼 때 아주 유용하게 쓰이는 표현입니다.

2 Please take the quickest route.

▶ 똑같은 '빠른'이지만 시간이 빠른 건 quick, 속도가 빠른 건 fast로 구별해서 씁니다.

3 Keep the change.

4 Try a different way.

▶ try는 '시험 삼아 해 보다'의 뜻이에요. 교통량이 많아서 차가 못 빠지고 있을 때 이렇게 말하면 답답해서 속앓이 할 일도 줄어들어요.

5 It's been nice chatting with you.

▶ 이 문장은 당신과 지금까지 얘기 나누게 돼서 좋았다는 의미예요. to chat with you로 쓰지 않도록 주의하세요.

6 Could you slow down please?

▶ 반대로 속도 좀 내달라고 하고 싶을 때는 speed up(속도를 내다)을 쓰면 됩니다.

UNIT 15

### 응용하기

주어진 표현에 어구만 바꿔서 문장을 써 보세요.

듣기 & 말하기

**1. How much will it cost ~?** ~ 요금이 얼마가 나올까요?
to the airport (공항까지) / to repair my car (내 차 수리하는 데)

**2. Please take the quickest ~.** 가장 빠른 ~를 택해 주세요.
highway (고속도로) / main road (간선도로)

**3. Keep ~.** ~을 가지세요.
all her letters (그녀의 편지들 전부) / all the money (돈 전부)

**4. Try a different ~.** 다른 ~를 써 보세요.
card (카드) / approach (접근 방법)

**5. It's been nice ~.** ~ 즐거웠어요.
working with you (당신과 일하게 돼서) / meeting you (당신을 만나서)

**6. Could you ~ please?** ~해 주시겠어요?
pick up the speed (속도를 내다) / ease up (속도를 줄이다)

## 확장 응용하기

옆 페이지에 쓴 문장을 다음에 나온 표현에 맞게 다시 쓰세요.

**1 How much does it cost ~?** ~ 요금이 얼마가 나와요?

▶ will 대신 does를 썼어요. does를 쓰면 평소에 드는 비용이 얼마인지를 묻는 느낌이에요.

**2 We need to take the quickest ~.** 우리는 가장 빠른 ~를 택해야 해요.

▶ 상대에게 하는 명령문에서 공동체인 우리가 해야 할 필요성을 언급하는 문장으로 바꿔 말합니다. need to는 have to와 거의 같은 강도로 쓰입니다.

**3 Don't keep ~.** ~을 가지지 마세요.

▶ 긍정명령문에서 하지 말라고 하는 부정명령문으로 바뀝니다. 부정명령문은 명령문 앞에 Don't를 놓아서 만듭니다.

**4 Why don't we try a different ~?** 다른 ~를 써 보는 게 어때?

▶ Why don't we ~?는 '~하면 어떨까?' 하며 제안할 때 쓰는 표현이에요. 중요한 건 상대방한테만 하라고 제안하는 게 아니라 말하는 나도 포함해서 하는 제안입니다.

**5 It was nice ~.** ~ 즐거웠어요.

▶ It's been 대신에 It was를 썼어요. 이렇게 과거형을 쓰면 과거에 그랬다는 사실만 딱 전달하고 말아요. 하지만 It's been이라고 쓰면 과거에도 좋았고, 현재도 그 좋은 기분이 남아 있음을 뜻할 수 있어요.

**6 I think you should ~.** 당신이 ~해야 할 것 같은데요.

▶ 상대방에게 부드럽게 어떤 일을 하라고 명령하고 싶을 때 이렇게 쓸 수 있어요.

UNIT 15

# REVIEW
## UNIT 11-15

확인학습  다음 우리말 문장을 영어로 쓰세요.

1  2인용 침대 방으로 주세요.

   ▶ _____

2  불만사항이 몇 개 있습니다.

   ▶ _____

3  바다 전망이 보이는 방을 원합니다.

   ▶ _____

4  기차역까지 가는 데 얼마나 걸릴까요?

   ▶ _____

5  객실 요금이 얼마죠?

   ▶ _____

6  택시 좀 불러 주시겠어요?

   ▶ _____

7  예약하고 싶은데요.

   ▶ _____

8  좀 급해요.

   ▶ _____

9  5시 전에 꼭 체크인하도록 하세요.

   ▶ _____

10  정오까진 반드시 거기에 도착해야 해요.

   ▶ _____

11  필요한 게 있으시면 0번을 누르세요.

   ▸ _____

12  교통체증이 있네요.

   ▸ _____

13  손님 객실번호는 1104호입니다.

   ▸ _____

14  요금이 얼마나 나올까요?

   ▸ _____

15  잠시만 기다려 주세요.

   ▸ _____

16  가장 빠른 길로 가 주세요.

   ▸ _____

17  1104호에서 전화하는 건데요.

   ▸ _____

18  잔돈은 가지세요.

   ▸ _____

19  객실에서 아침 식사 주문하고 싶은데요.

   ▸ _____

20  속도 좀 낮춰 주시겠어요?

   ▸ _____

# UNIT 16

## 카페에서 1
### At the Café 1

**미엘린층 만들기** 큰소리로 낭독하고 외우면 영어 고속도로(미엘린층)가 생겨요!

**I'm ready to order.**
주문할 준비 됐어요. (= 주문할게요.)

be ready to+동사원형 ~할 준비가 되다
order 주문하다

**I would like a cup of coffee.**
커피 한 잔 주세요.

would like+명사 ~을 원하다

**Mocha with whipped cream, please.**
휘핑 크림 올린 모카 주세요.

whipped cream 휘핑 크림

**What size do you have?**
어떤 사이즈가 있나요?

**Tall, please.**
톨 사이즈로 주세요.

**I will have the same, please.**
같은 걸로 주세요.

the same 똑같은 것

**Check It Out!**  낭독하기 ☐☐☐☐ ☐☐☐☐
              암송하기 ☐☐☐☐ ☐☐☐☐

**알아두세요.**
1. 커피 등에 올리는 휘핑 크림은 whipped cream으로 표현해야 맞습니다.
2. 커피 전문점에서 말하는 tall 사이즈는 대체로 355ml를 가리킵니다.

## 해석하고 따라 쓰기

눈으로만 보면 안 돼요. 우리말 해석을 쓰고 영어 문장을 따라 쓰세요.

1 I'm ready to order.

▶ 직역하면 '주문할 준비 되었어요'이지만 '주문할게요'의 의미로 알아두세요.

2 I would like a cup of coffee.

▶ 역시 직역하면 '커피 한 잔을 원해요'예요. 하지만 카페에서 이렇게 말했다면? 그렇죠, 커피 한 잔 달라고 주문하는 거지요.

3 Mocha with whipped cream, please.

▶ 음식과 함께 쓰이는 with는 '~을 곁들인, ~을 올린'의 뜻입니다. 여기서는 모카 커피 위에 휘핑 크림을 올린 게 맞겠죠?

4 What size do you have?

5 Tall, please.

▶ 컵 사이즈는 이 외에 short(237ml(뉴욕 기준)), grande(473ml), venti(591ml) 등이 있어요.

6 I will have the same, please.

▶ 동행한 사람이 주문을 했는데 그 사람이랑 똑같은 걸 주문하고 싶을 때 이 표현을 써요.

## 응용하기

주어진 표현에 어구만 바꿔서 문장을 써 보세요.

듣기 & 말하기

1. **I'm ready to ~.** ~할 준비 됐어요.

   go out now (지금 외출하다) / discuss this (이것을 논의하다)

2. **I would like ~.** ~ 주세요.

   a bottle of beer (맥주 한 병) / burritos (부리토)

3. **~ with whipped cream, please.** 휘핑 크림 올린 ~ 주세요.

   Apple pie (애플 파이) / Pancakes (팬케이크)

4. **What size ~?** 어떤 사이즈 ~?

   do you take (입으세요) / do you want to purchase (구매하고 싶어요)

5. **~, please.** ~ 주세요.

   Grande (그란데 사이즈) / Venti (벤티 사이즈)

6. **I'll have the same ~.** ~ 같은 걸로 주세요.

   as you (당신 거랑) / as usual (평소와)

## 확장 응용하기

옆 페이지에 쓴 문장을 다음에 나온 표현에 맞게 다시 쓰세요.

1  **Are you ready to ~?** ~할 준비 되었어요?

▶ 내가 준비되었다는 말에서 상대방에게 준비가 되었는지 물어보는 문장으로 바꾸어 말해 보세요.

2  **I will have ~.** ~ 먹겠어요.

▶ would like 대신 will have를 써도 같은 의미지만, will을 쓰면 뒤에 나오는 걸 먹겠다는 내 의지를 전해요.

3  **Can I get ~ with whipped cream, please?** 휘핑 크림 올린 ~ 주시겠어요?

▶ 죽 열거하고서 please만 삐쭉 붙인 것보다 Can I get ~?으로 말하면 더 정중한 느낌을 줍니다.

4  **What size + 과거시제?** 어떤 사이즈 ~?

▶ 과거에 있던 사실을 물어보는 문장으로 변환해 활용합니다. 일반동사의 과거 의문문은 did를 〈주어+동사〉 앞에 놓아 만들어요.

5  **숫자 + ~, please.** ~ 00개 주세요.

▶ 여러 잔을 주문할 수도 있잖아요. 그때는 사이즈 앞에 숫자를 넣어 주세요. 아, 사이즈 뒤에 -s 붙이는 것 잊지 마시고요.

6  **I won't have the same ~.** ~ 같은 걸로 안 하겠어요.

▶ will의 부정형은 won't입니다. will not으로 표기하기도 하지만, 회화에서는 주로 won't로 축약해 말해요.

UNIT 16

# 카페에서 2
## At the Café 2

**미엘린층 만들기** 큰소리로 낭독하고 외우면 영어 고속도로(미엘린층)가 생겨요!

**How would you like your coffee?**
커피는 어떻게 드릴까요?

**I like it black.**
블랙으로 주세요.

**Do you want to add milk?**
우유 넣어드릴까요?

**This is too strong for me.**
이건 저한테 너무 진하네요.

**Can I get a refill, please?**
리필해 주실 수 있어요?

**You can pick up your order over there.**
저쪽에서 주문한 거 받아가실 수 있어요.

How would you like ~?
~를 어떻게 해드릴까요?

black (커피에서) 우유를 안 넣은

add 넣다, 첨가하다, 추가하다

strong (커피 등이) 진한

get a refill 리필 받다

pick up (물건 등을) 찾아가다
order 주문한 것
over there 저쪽에서

**Check It Out!**   낭독하기  ☐☐☐☐☐  ☐☐☐☐☐
                    암송하기  ☐☐☐☐☐  ☐☐☐☐☐

**알아두세요.**
1. How would you like ~?는 아예 통으로 '~는 어떻게 해드릴까요?'로 외워 주세요. 그래서 ~ 자리에 steak가 오면 '고기를 어떻게 구워 드릴까요?' 묻는 의미가 됩니다.
2. 커피가 진한 건 strong이에요. 그렇다면 연한 건 뭐라고 할까요? weak이라고 하면 됩니다.

## 해석하고 따라 쓰기

눈으로만 보면 안 돼요. 우리말 해석을 쓰고 영어 문장을 따라 쓰세요.

1 How would you like your coffee?

▶ 이건 커피에 뭐를 첨가할지 즉, 크림이나 우유, 설탕을 첨가할지 등을 묻는 표현이에요.

2 I like it black.

▶ 이 문장은 직역하면 '저는 커피가 블랙인 걸 좋아해요'예요. 이건 곧 내가 좋아하는 '블랙으로 주세요'의 뜻입니다.

3 Do you want to add milk?

▶ 있는 재료에다 다른 재료를 첨가할 때엔 동사 add(첨가하다)를 사용합니다. 참고로 이메일에 파일을 첨부할 때엔 attach(첨부하다)를 써요.

4 This is too strong for me.

5 Can I get a refill, please?

▶ 직역하면 '제가 한 잔 더 받을 수 있을까요?'로, 패스트푸드점이나 카페에서 쓰면 '리필해 주실 수 있어요?'의 의미입니다.

6 You can pick up your order over there.

▶ 자리까지 직접 가져다 주는 카페 외에 주문해서 찾아가는 카페에서 거의 100% 들을 수 있는 표현입니다.

## 응용하기

주어진 표현에 어구만 바꿔서 문장을 써 보세요.

듣기 & 말하기

1  **How would you like ~?**  ~는 어떻게 해드릴까요?
   your hamburger (햄버거) / your eggs (달걀)

2  **I like it ~.**  (커피는) ~ 주세요.
   with sugar (설탕 넣어서) / with sugar and cream (설탕이랑 크림 넣어서)

3  **Do you want to add ~?**  ~ 넣어드릴까요?
   salt (소금) / more ice cream (아이스크림을 더)

4  **This is too ~ for me.**  이건 제게 너무 ~해요.
   hot (뜨거운) / sweet (단)

5  **Can I get ~?**  ~ 받을 수 있을까요? (= ~ (해) 주시겠어요?)
   a copy of your report (보고서 한 부) / a wake-up call tomorrow morning (내일 아침 모닝콜)

6  **You can pick up ~.**  ~ 받아갈 수 있어요.
   the key at the front desk (프런트 데스크에서 열쇠) / the ticket over there (저쪽에서 표)

## 확장 응용하기

옆 페이지에 쓴 문장을 다음에 나온 표현에 맞게 다시 쓰세요.

1 **How would you like ~?** ~는 어떻게 해드릴까요?

▶ 아주 중요한 거니까 한 번 더 말해 보세요.

2 **Do you want it ~?** (커피는) ~ 드려요?

▶ 대답하는 표현에서 그 대답을 유도하는 질문 형태로 바꿔 보세요.
How would you like ~?가 선택 사항 없이 물어본 반면, 이 표현은 콕 집어서 ~을 원하는지 물어보고 있어요.

3 **Would you like to add ~?** ~ 넣어드릴까요?

▶ Do you want보다 Would you like를 쓰면 좀 더 격식을 차려 정중하게 묻는 느낌을 줍니다.

4 **It was too ~ for me.** 그건 제게 너무 ~했어요.

▶ 현재시제 문장을 과거시제로 만드는데요, 이렇게 is의 과거시제 동사 was를 쓸 때는 this보다 it, that이 잘 어울려요.

5 **Can I have ~?** ~ 받을 수 있을까요?

▶ Can I get ~?에서 get 대신에 have를 써도 같은 뜻이에요.

6 **Please pick up ~.** ~ 가져가 주세요.

▶ 명령문으로 바꿔서 만들어 봅니다. 그냥 동사로만 툭 말하기 보다 please를 문장 앞 뒤에 붙여 주면 좀 더 부드러운 느낌이 듭니다.

UNIT 17

# UNIT 18 레스토랑에서 1
## At the Restaurant 1

**미엘린층 만들기** 큰소리로 낭독하고 외우면 영어 고속도로(미엘린층)가 생겨요!

**A table for four, please.**
4인용 테이블 주세요.

table 탁자, 식탁

**I booked a table for three under the name of Yelin Kim.**
김예린 이름으로 3인용 테이블 예약했어요.

book 예약하다
under the name of ~의 이름으로

**What do you recommend?**
뭘 추천하시겠어요?

recommend 추천하다

**Just some water, please.**
물만 좀 주세요.

just 그냥, 단순히, 그저

**What is today's special?**
오늘의 특선 요리는 뭔가요?

today 오늘
special 특별 요리

**How do you like your steak?**
스테이크 어떻게 해드릴까요?

How do you like ~?
~을 어떻게 해 주기를 원하세요?

**Check It Out!**  낭독하기 ☐☐☐☐☐ ☐☐☐☐☐
암송하기 ☐☐☐☐☐ ☐☐☐☐☐

### 알아두세요.
1. 첫 번째 문장은 예약 안 하고 식당에 들어가서 말할 때고요, 두 번째 문장은 예약하고 식당에 들어가서 말할 때 씁니다.
2. **Just some water, please.**는 What would you have for drinks?(음료수는 뭐로 하시겠습니까?)의 대답으로 할 수 있어요.
3. 마지막 문장은 스테이크를 어떻게 해 줄지 물어보는 것으로 답변은 대개 rare(겉만 1분 정도 익힌 것), medium(양면을 3분 정도 익힌 것), well-done(양면을 5분 정도 익힌 것) 중 하나로 합니다.

## 해석하고 따라 쓰기

눈으로만 보면 안 돼요. 우리말 해석을 쓰고 영어 문장을 따라 쓰세요.

1  A table for four, please.

▶ 〈명사+for+숫자〉는 '~인용 명사'란 뜻입니다.

2  I booked a table for three under the name of Yelin Kim.

▶ book은 동사로 쓰이면 make a reservation(예약하다)와 같은 뜻이에요.

3  What do you recommend?

▶ 웨이터에게 추천해 달라고 할 때 쓰는 표현이에요. Do you have any recommendation?으로 표현할 수도 있어요.

4  Just some water, please.

5  What is today's special?

▶ special은 '특별한'의 뜻도 있지만, '특별 상품, 특선 요리'란 뜻으로도 쓰입니다.

6  How do you like your steak?

▶ 앞에서 배운 How would you like ~? 기억나죠? How do you like ~?도 같은 뜻입니다.

UNIT 18

## 응용하기

주어진 표현에 어구만 바꿔서 문장을 써 보세요.

듣기 & 말하기

1. **A table for ~, please.** ~인용 테이블 주세요.

   two (2인) / six (6인)

   ___

   ___

2. **I booked ~ under the name of Yelin Kim.** 김예린 이름으로 ~ 예약했어요.

   a room (방 한 개) / a train ticket (기차표 한 장)

   ___

   ___

3. **What do you ~?** 당신은 무엇을 ~해요?

   use as a main ingredient (주재료로 사용하다) / want for dessert (디저트로 원하다)

   ___

   ___

4. **Just some ~, please.** ~만 좀 주세요.

   coffee (커피) / sparkling water (탄산수)

   ___

   ___

5. **What is today's ~?** 오늘의 ~가 무엇인가요?

   menu (메뉴) / soup (수프)

   ___

   ___

6. **How do you like your ~?** ~ 어떻게 해드릴까요?

   burger (햄버거) / toast (토스트)

   ___

   ___

## 확장 응용하기

옆 페이지에 쓴 문장을 다음에 나온 표현에 맞게 다시 쓰세요.

1  **Do you have** a table for **~?**  ~인용 테이블 있어요?

▶ 의문문으로 똑같은 의미를 나타낼 수도 있어요. 그래서 yes라고 하면 들어가고 no라 하면 기다리던가 그냥 가는 거죠.

2  **I'll book** ~ under the name of Yelin Kim.  김예린 이름으로 ~ 예약할게요.

▶ 곧 있을 미래에 예약하겠다는 의지를 나타내는 문장입니다. 〈will+동사원형〉을 통해 표현할 수 있어요.

3  **What** did he **~?**  그는 무엇을 ~했나요?

▶ 주어는 3인칭 단수로, 시제는 과거형으로 바꾸어 표현합니다. 과거의문문은 〈주어+동사원형〉 앞에 did를 붙이면 됩니다.

4  **I just need** some **~.**  전 ~만 필요해요.

▶ I need를 써서 내가 필요한 것을 요청할 수가 있습니다. 이때 just의 위치가 need 앞인 것, 주의하세요.

5  **I want to know what today's ~ is.**  오늘의 ~가 무엇인지 알고 싶어요.

▶ What is today's ~? 같은 문장이 다른 문장(I want to know ~) 안에 들어가는 경우, 어순이 바뀌어요. what today's ~ is처럼요. 꼭 알아두세요.

6  **How do you** want your **~?**  ~ 어떻게 해드릴까요?

▶ like 대신 want를 써도 같은 뜻이에요.

## UNIT 19 레스토랑에서 2
### At the Restaurant 2

**미엘린층 만들기** 큰소리로 낭독하고 외우면 영어 고속도로(미엘린층)가 생겨요!

**What do you have for appetizers?**
애피타이저로 뭐가 있나요?

appetizer 애피타이저(전채요리)

**I will have the mushroom soup to start.**
먼저 버섯 수프로 시작할게요.

have 먹다   mushroom 버섯
to start 우선, 먼저

**This is not what I ordered.**
이건 제가 주문한 게 아니에요.

what ~한/~인 것
order 주문하다

**This salad is too salty.**
이 샐러드가 너무 짜요.

salty 짠

**The lamb is well-cooked.**
양고기가 잘 익었어요.

lamb 양고기
well-cooked 잘 익은

**Could I have the check?**
계산서 주시겠어요?

check 계산서

**Check It Out!**  낭독하기 ☐☐☐ ☐☐☐
암송하기 ☐☐☐ ☐☐☐

**알아두세요.**
1. This is not what I ordered.에서 what은 '무엇'의 뜻이 아닙니다. '~인 것'의 의미로 쓰였어요.
2. lamb은 '새끼 양' 또는 '양고기'를 뜻해요. 참고로 '숫양'은 ram, '암양'은 ewe입니다.
3. '계산서'는 bill 외에 check을 쓰기도 합니다.

## 해석하고 따라 쓰기

눈으로만 보면 안 돼요. 우리말 해석을 쓰고 영어 문장을 따라 쓰세요.

1 What do you have for appetizers?

▶ 요리는 주로 appetizer–main dish–dessert로 구성돼요. 영국에서는 appetizer 대신 starter라고도 합니다.

2 I will have the mushroom soup to start.

▶ to start는 as a starter(전채요리로)처럼 바꿔서 사용할 수 있어요.

3 This is not what I ordered.

▶ 주문한 것과 다른 음식이 나왔을 때 아주 유용하게 쓸 수 있는 표현이에요.

4 This salad is too salty.

▶ too는 '너무'의 뜻으로 부정적인 면으로 정도가 지나치다는 것을 나타내요.

5 The lamb is well-cooked.

▶ well-cooked의 반대 표현은 under-cooked(설익은)예요.

6 Could I have the check?

▶ Can I ~? 대신 Could I ~?로 쓰면 더 정중한 느낌입니다.

UNIT 19

## 응용하기

주어진 표현에 어구만 바꿔서 문장을 써 보세요.

듣기 & 말하기

1. **What do you have for ~?** ~로 무엇이 있나요?
   breakfast (아침 식사) / dessert (디저트)

2. **I'll have ~ to start.** 먼저 ~로 시작할게요.
   some salad (샐러드) / fresh orange juice (신선한 오렌지 주스)

3. **This is not what ~.** 이것은 ~인 게 아니에요.
   I wanted (내가 원했다) / I asked for (내가 요청했다)

4. **This ~ is too ….** 이 ~는 너무 …해요.
   soup–spicy (수프–매운) / meat–fatty (고기–지방이 많은)

5. **The lamb is ~.** 양고기가 ~해요.
   undercooked (설익은) / over-cooked (너무 익은)

6. **Could I have ~?** ~ 주시겠어요?
   your autograph (사인) / some more water (물 좀 더)

## 확장 응용하기

옆 페이지에 쓴 문장을 다음에 나온 표현에 맞게 다시 쓰세요.

**1  What do you want for ~?** ~로 무엇을 원하세요?

▶ have 대신 '원하다'의 want를 넣어서 훈련해요. 이렇게 되면 역으로 웨이터가 손님에게 물어보는 문장이 됩니다.

**2  I used to have ~ to start.** 먼저 ~로 시작하곤 했었죠.

▶ ⟨used to+동사원형⟩은 '(과거에) ~하곤 했었다'로 현재는 그렇지 않은, 과거의 행위나 상태를 표현합니다.

**3  That was not what ~.** 그건 ~인 게 아니었어요.

▶ 가까이 있는 것을 가리키는 this가 멀리 있는 것을 가리키는 that으로, 현재형 is를 was로 바꾸어 훈련합니다.

**4  This ~ is so … that I can't finish it.** 이 ~는 너무 …해서 다 먹을 수가 없어요.

▶ ⟨so+상태를 나타내는 말+that+주어+can/can't+동사원형 ~⟩은 '너무 ~해서 …할 수 있다(없다)'의 뜻이에요.

**5  I think the lamb is ~.** 양고기가 ~인 것 같아요.

▶ 문장 앞에 I think를 넣으면 100% 확신하지 못하는 자신의 생각을 나타냅니다.

**6  Do you mind if I have ~?** ~ 주셔도 괜찮으시겠습니까?

▶ ⟨Do you mind if+주어+동사 ~?⟩를 쓰면 아주 극존칭으로 부탁하는 뜻이 됩니다.

UNIT 19

# UNIT 20
## 시장에서
### At the Market

**미엘린층 만들기** 큰소리로 낭독하고 외우면 영어 고속도로(미엘린층)가 생겨요!

**What is the cost of carrots?**
당근 가격이 어떻게 되나요?

cost 비용   carrot 당근

**Can you throw in something extra?**
뭐 좀 덤으로 줄 수 있어요?

throw in (물건을 살 때) 덤으로 주다
something 어떤 것
extra 여분의, 덤의

**If you buy one, you'll get one free.**
하나 사면 하나 무료로 드려요.

free 무료로

**All items are sold at a flat price.**
모든 품목이 균일가로 판매됩니다.

be sold 팔리다
flat price 균일가

**Flat 50 percent off on all sports shoes.**
모든 운동화에 50퍼센트 균일 할인

숫자+percent off 00퍼센트 할인
sports shoes 운동화

**Can you bring down the price?**
가격 깎아 주실 수 있어요?

bring down (가격을) 깎아 주다
price 가격

**Check It Out!**  낭독하기 ☐☐☐☐ ☐☐☐☐
암송하기 ☐☐☐☐ ☐☐☐☐

**알아두세요.**
1. 상점 앞을 지나다 **50% Off** 이렇게 되어 있는 것, 많이 봤을 거예요. 이때의 **off**는 '할인되어'의 의미로 앞에 오는 퍼센트만큼 할인해 준다는 의미입니다.
2. **flat price**는 물품에 상관없이 동일한 가격을 받는 '균일가'고요, **fixed price**는 '정찰가'입니다.

## 해석하고 따라 쓰기

눈으로만 보면 안 돼요. 우리말 해석을 쓰고 영어 문장을 따라 쓰세요.

1 What is the cost of carrots?

▶ cost는 명사로 '가격', 동사로 '가격이 ~이다'의 뜻이에요.

2 Can you throw in something extra?

▶ throw in 외에 '공짜로 주다'는 의미로 give away란 표현도 자주 씁니다.

3 If you buy one, you'll get one free.

▶ 마트에서 1+1 이거, 많이 보셨죠? 그것의 영어 표현이 바로 이거예요.

4 All items are sold at a flat price.

5 Flat 50 percent off on all sports shoes.

6 Can you bring down the price?

▶ bring down은 reduce로 바꿔 쓸 수 있어요.

UNIT 20

## 응용하기

주어진 표현에 어구만 바꿔서 문장을 써 보세요.

듣기 & 말하기 ☐☐☐☐☐ ☐☐☐☐☐

**1  What is the cost of ~?**  ~ 가격이 어떻게 되나요?
cheese (치즈) / the ice cream (그 아이스크림)

---

**2  Can you throw in ~?**  덤으로 ~ 줄 수 있나요?
a few more (몇 개만 더) / the stool (그 의자)

---

**3  If you buy one, you'll ~.**  하나 사시면, ~일 거예요.
get 30 percent off (30퍼센트 할인 받다) / get the second one at half price (두 번째 것은 반값에 사다)

---

**4  All items are sold ~.**  전 품목 ~ 판매됩니다.
on first come, first served basis (선착순으로) / at 50% discount (50% 할인 가격으로)

---

**5  Flat 50 percent off on ~.**  ~에 50퍼센트 균일 할인
all cash purchases (모든 현금 구매) / all accessories (모든 액세서리)

---

**6  Can you ~ the price?**  가격을 ~할 수 있어요?
reduce (깎아 주다) / lower (낮춰 주다)

## 확장 응용하기

옆 페이지에 쓴 문장을 다음에 나온 표현에 맞게 다시 쓰세요.

**1　What is the price of ~?** ~ 가격은 어떻게 되나요?

▶ cost(비용)는 price(가격)로 바꿔 표현할 수 있어요.

**2　Could you throw in ~?** 덤으로 ~ 주실 수 있나요?

▶ Can you ~? 보다 Could you ~?로 말하면 훨씬 더 정중한 느낌을 줍니다. 공적인 자리나 윗사람에게 말할 때는 이렇게 표현하세요.

**3　Buy one, get ~.** 하나 사고, ~ 받기

▶ 구어체에서는 〈if+주어〉와 〈주절의 주어(+조동사)〉를 생략해서 표현해요.

**4　All items have been sold ~.** 전 품목 ~ 판매되고 있습니다.

▶ 과거부터 지금까지 계속되고 있는 상황을 강조하여 말할 때는 〈have+과거분사〉로 표현합니다.

**5　We'll give you flat 50 percent off on ~.** ~에 균일하게 50퍼센트 할인해 드리겠습니다.

▶ 옆 페이지의 문장이 광고 문구의 느낌이라면, 앞에 〈주어+동사 (We'll give you)〉를 넣은 이 문장은 회화체에서 사용 가능합니다.

**6　I won't buy it unless you ~ the price.** 가격을 ~하지 않는다면 그거 안 살래요.

▶ unless(만약 ~ 않는다면)의 조건절을 이용하면 좀 더 강력하게 자신의 의견을 표현할 수 있어요. 이 표현은 꼭 알아두셔서 협상할 때 쓸 수 있는 카드로 만들어 놓으세요.

UNIT 20

# REVIEW UNIT 16-20

확인학습  다음 우리말 문장을 영어로 쓰세요.

1  주문할 준비 되었어요. (= 주문할게요.)

   ▸ _____

2  오늘의 특선 요리가 뭔가요?

   ▸ _____

3  휘핑 크림 올린 모카 주세요.

   ▸ _____

4  4인용 테이블 주세요.

   ▸ _____

5  그냥 물만 좀 주세요.

   ▸ _____

6  먼저 버섯 수프로 시작할게요.

   ▸ _____

7  같은 걸로 주세요.

   ▸ _____

8  이건 제가 주문한 게 아니에요.

   ▸ _____

9  커피는 어떻게 드릴까요?

   ▸ _____

10  양고기가 잘 익었어요.

   ▸ _____

**11** 리필해 주실 수 있어요?

▶ _____

**12** 계산서 주시겠어요?

▶ _____

**13** 저쪽에서 주문한 거 받아가실 수 있어요.

▶ _____

**14** 뭐 좀 덤으로 줄 수 있어요?

▶ _____

**15** 블랙으로 주세요.

▶ _____

**16** 모든 품목이 균일가로 판매됩니다.

▶ _____

**17** 김예린 이름으로 3인용 테이블 예약했어요.

▶ _____

**18** 하나 사면 하나 무료로 드려요.

▶ _____

**19** 뭘 추천하시겠어요?

▶ _____

**20** 당근 가격이 어떻게 되나요?

▶ _____

# UNIT 21 서점에서 1
## At the Bookstore 1

**미옐린층 만들기** 큰소리로 낭독하고 외우면 영어 고속도로(미옐린층)가 생겨요!

**Do you have the hardbound edition?**
양장본 판 있어요?

hardbound 양장본으로 된
edition 편집. 판

**Do you have the book "Art of Love" by Erich Fromm?**
에리히 프롬의 〈사랑의 기술〉이란 책 있어요?

Art of Love 사랑의 기술

**I am looking for the psychology book section.**
심리학 서적 부분을 찾고 있어요.

look for ~를 찾다
psychology 심리학
section 부분, 구획

**Is this the only edition you have?**
갖고 있는 판은 이것 뿐인가요?

only 유일한

**Is it out of print?**
그 책 절판되었나요?

out of print 절판된

**This is a page turner.**
이거 흥미진진한 책이에요.

page turner 흥미진진한 책

**Check It Out!**
낭독하기 ☐☐☐☐☐ ☐☐☐☐☐
암송하기 ☐☐☐☐☐ ☐☐☐☐☐

**알아두세요.**
1. 책 표지가 두꺼운 하드커버는 영어로 **hardbound**라고 표현합니다.
2. **page turner**에서 **turn**은 '책장을 넘기다'의 뜻이 있어요. 재미있는 책은 책장을 빨리빨리 넘기게 되죠? 그래서 **page turner**가 '재미있고 흥미진진한 책'의 뜻이 됩니다.

## 해석하고 따라 쓰기

눈으로만 보면 안 돼요. 우리말 해석을 쓰고 영어 문장을 따라 쓰세요.

1 Do you have the hardbound edition?

▶ hardbound는 '천이나 두꺼운 종이로 제본한 양장본' 책이고, paperback은 표지가 얇은 종이로 된 책이에요.

2 Do you have the book "Art of Love" by Erich Fromm?

▶ 〈by+작가 이름〉이 나오면 이때는 written by(~에 의해 쓰인)의 의미예요.

3 I'm looking for the psychology book section.

▶ 여러 구역으로 나뉜 부분 중 하나를 section(부문)이라고 합니다. 우리말로 '화장품 코너'처럼 corner라고 하는 건 콩글리시니 주의하세요.

4 Is this the only edition you have?

▶ edition은 출간된 책의 '판', 잡지의 몇 월 '호', 방송의 '방송분'의 뜻으로 쓰입니다. 그래서 first edition은 '초판', second edition은 '재판'이에요.

5 Is it out of print?

▶ 〈out of+명사〉는 '~가 다 떨어진'이란 뜻이에요. 그래서 out of stock은 '재고가 다 떨어진', out of time은 '시간이 없는'의 뜻이 됩니다.

6 This is a page turner.

UNIT 21

## 응용하기

주어진 표현에 어구만 바꿔서 문장을 써 보세요.

듣기 & 말하기

**1 Do you have ~?** ~가 있어요?

the special edition (특별판) / the new edition (신판)

---

**2 Do you have ~ by ...?** …가 쓴 ~ 있어요?

The Harry Potter series—Joanne Rowling (해리포터 시리즈–조앤 롤링) /
the book "The Alchemist"—Paulo Coelho ('연금술사'란 책–파울로 코엘로)

---

**3 I am looking for ~ book section.** ~ 서적 부분을 찾고 있어요.

the foreign language (외국어) / crafts & hobbies (공예와 취미)

---

**4 Is this the only ~ you have?** 갖고 있는 ~는 이것 뿐인가요?

copy (책의 한 부) / used book (중고책)

---

**5 Is it ~?** 그 책은 ~인가요?

out of stock (재고가 없는) / newly-published (신간인)

---

**6 This is ~.** 이것은 ~예요.

a boring book (지루한 책) / a must read (필독해야 하는 책)

## 확장 응용하기

옆 페이지에 쓴 문장을 다음에 나온 표현에 맞게 다시 쓰세요.

1 **We have ~.** 우리는 ~을 갖고 있어요.

▶ Do you have ~?의 질문에 답하는 패턴이에요. 상점 같은 곳에서 점원에게 Do you have ~?로 질문하게 되면 대개 We have ~.로 대답합니다.

2 **Do you have ~ written by …?** …에 의해 쓰여진 ~ 있어요?

▶ 〈책 제목+by+저자 명〉 구조를 〈책 제목+written by+저자 명〉의 구조로 표현해 봅니다. 이렇게도 가능하지만 〈by+저자 명〉이 더 자주 쓰입니다.

3 **Are you looking for ~ book section?** ~ 서적 부분 찾으세요?

▶ 내가 현재 하고 있는 걸 말하는 문장에서 상대방이 현재 하고 있는 걸 물어보는 문장을 연습합니다.

4 **Is this the only ~ available?** 구할 수 있는 ~는 이것 뿐인가요?

▶ you have 자리에 비슷한 의미로 대체할 수 있는 형용사 available을 넣었습니다. available은 사람에 쓰이면 '시간이 있는'이고 사물에 쓰이면 '구할 수 있는, 이용할 수 있는'의 뜻입니다.

5 **Isn't it ~?** 그 책은 ~ 아닌가요?

▶ 긍정의문문을 부정의문문으로 만들어 훈련합니다.

6 **That was ~.** 그것은 ~였어요.

▶ This는 가까운 것을 가리키고 that은 멀리 떨어진 것을 나타내요. is의 과거형 was를 써서 과거형 문장을 만들 수 있어요.

UNIT 21

# 서점에서 2
## At the Bookstore 2

**미엘린층 만들기**  큰소리로 낭독하고 외우면 영어 고속도로(미엘린층)가 생겨요!

**What's the hot new book?**
아주 잘 나가는 새로 나온 책이 뭐예요?

**Why can't I return it?**
왜 반품할 수 없는 건가요?

**Who is the author of the book?**
책 저자가 누구인가요?

**What are the best-selling novels of all time?**
지금까지 가장 잘 팔리는 소설들은 무엇인가요?

**When was it published?**
그건 언제 출간되었나요?

**Can I pay with a gift-card here?**
여기서 기프트 카드로 지불할 수 있나요?

---

hot 매우 인기 있는, 잘 나가는

return 반품하다

author 작가, 저자

best-selling 가장 잘 팔리는
novel 소설
of all time 지금껏, 역대

publish 출간하다
be published 출간되다

pay 지불하다
gift-card 선불카드, 기프트카드

---

**Check It Out!**  낭독하기 ☐☐☐☐☐ ☐☐☐☐☐
　　　　　　　　암송하기 ☐☐☐☐☐ ☐☐☐☐☐

**알아두세요.**
author와 writer를 혼용하여 쓰는 경우가 많은데, 플롯이 있는 이야기를 자기 스스로 완성해 내 출간한다면 그 사람은 그 작품의 저자(author)가 됩니다. writer는 광범위하게 글쓴이를 통칭하는 것으로 보면 됩니다. 편지를 쓴 사람을 writer라고 하지 author라고는 하지 않지요.

**해석하고 따라 쓰기**  눈으로만 보면 안 돼요. 우리말 해석을 쓰고 영어 문장을 따라 쓰세요.

1 What's the hot new book?

▶ hot은 '뜨거운'의 뜻 외에 '인기 있는'이란 의미로 자주 쓰입니다. 이걸 사람에게 쓸 때는 '섹시한'의 의미가 되지요.

2 Why can't I return it?

▶ return은 '돌아오다'란 뜻 외에 '반납하다', '반품하다'의 뜻도 있어요. 참고로 A라는 물건을 B라는 물건으로 교환하는 것은 〈exchange A with B〉로 표현합니다.

3 Who is the author of the book?

▶ 저자가 누구인지 확실하지 않을 때 '작자미상'이라고 하지요? 그때는 unknown authorship이라고 표현해요.

4 What are the best-selling novels of all time?

▶ best-selling은 '베스트셀러의'란 형용사이고 best-seller는 그 자체로 '잘 팔리는 것'의 의미가 있어요.

5 When was it published?

▶ publish는 '~을 출간하다'의 뜻으로 주어 자리에 출간된 대상물이 올 때는 be published라고 써야 합니다.

6 Can I pay with a gift-card here?

▶ gift-card(상품권)는 gift certificate이라고도 합니다. 상품권의 기능이 있는 선불 카드를 뜻해요.

UNIT 22

## 응용하기

주어진 표현에 어구만 바꿔서 문장을 써 보세요.

듣기 & 말하기

**1  What's the hot new ~?** 아주 잘 나가는 새로 나온 ~가 뭐예요?

product (제품) / cartoon (만화)

---

**2  Why can't I ~?** 왜 ~할 수 없나요?

go out now (지금 나가다) / take my assistant to the meeting (조수를 회의에 데리고 가다)

---

**3  Who is ~?** ~는 누구예요?

the writer of *The Great Gatsby* (《위대한 개츠비》의 작가) / the director of that movie (그 영화의 감독)

---

**4  What are the best-selling ~ of all time?** 지금까지 가장 잘 팔리는 ~는 뭔가요?

cars (자동차들) / toys (장난감들)

---

**5  When was it ~?** 그건 언제 ~되었나요?

written (쓰여진) / renovated (개조된)

---

**6  Can I pay with ~ here?** 여기서 ~로 지불할 수 있나요?

a company card (법인카드) / traveler's checks (여행자 수표)

## 확장 응용하기

옆 페이지에 쓴 문장을 다음에 나온 표현에 맞게 다시 쓰세요.

**1  What's the hot new ~ these days?**  요즘에 아주 잘 나가는 새로 나온 ~가 뭐예요?

▶ these days는 '요즘, 최근에'의 뜻으로 이렇게 꾸며 주는 말을 쓰면 문장의 의미가 더욱 풍성해집니다.

**2  Can I ~, please?**  ~할 수 있을까요?

▶ Why를 빼고 Can I ~, please?로 묻는 걸 훈련합니다. 허락을 구할 때 뒤에 please를 붙이면 공손한 느낌을 줍니다.

**3  Tell me who ~ is.**  ~가 누구인지 말해 주세요.

▶ Who is ~? 같은 의문문이 단독으로 쓰이지 않고 Tell me(~을 나에게 말해 줘) 같은 표현 뒤에 놓이면 〈의문사+동사+주어〉의 어순이 〈의문사+주어+동사〉로 바뀌게 되는 것, 꼭 알아두세요.

**4  What are the best-selling ~ in the world?**  전 세계에서 가장 잘 팔리는 ~는 뭔가요?

▶ 이제는 기간이 아니라 in the world라는 공간을 넣어 문장을 연습해 보세요.

**5  Do you know when it was ~?**  그건 언제 ~되었는지 아세요?

▶ 의문문이 Do you know ~? 같은 표현의 ~ 자리에 들어가는 경우가 있어요. 이럴 때는 〈동사+주어〉였던 어순이 〈주어+동사〉로 바뀌어요. 그래서 when was it ~이 when it was ~가 된 거예요.

**6  You can pay with ~ here.**  여기서 당신은 ~로 지불할 수 있어요.

▶ Can I ~?로 물어보면 거기에 맞게 답을 해야겠죠? 해도 된다고 허락할 때는 이렇게 You can ~.로 답하면 됩니다.

UNIT 22

# UNIT 23 여행지에서 1
## At the Tourist Spot 1

**미엘린층 만들기** 큰소리로 낭독하고 외우면 영어 고속도로(미엘린층)가 생겨요!

**It is listed as a UNESCO World Heritage Site.**
그것은 유네스코 세계 문화 유산으로 등재되어 있어요.

- be listed 등재되다
- as ~로서(자격)
- heritage 유산
- site 장소, 현장

**If you like bustling places, you shouldn't miss it.**
북적거리는 곳을 좋아하면, 놓치지 마세요. (= 꼭 가 보세요.)

- bustling 북적거리는
- miss 놓치다

**Today, the temple is a tourist attraction.**
오늘날 그 사원은 관광명소예요.

- today 오늘(날)
- temple 사원, 절
- tourist attraction 관광명소

**Insadong is famous for traditional Korean crafts.**
인사동은 한국 전통 공예품으로 유명해요.

- be famous for ~로 유명하다
- traditional 전통적인
- craft 공예(품)

**There are a handful of ethnic restaurants around here.**
이곳 주변에는 전통 음식점들이 몇 곳 있어요.

- a handful of 소수의, 한 움큼의
- ethnic 전통의, 민족의
- around here 이곳 주변에

**When was it constructed?**
그것은 언제 지어졌나요?

- construct 건설하다
- be constructed 건설되다, 지어지다

**Check It Out!**  낭독하기 ☐☐☐☐☐ ☐☐☐☐☐
암송하기 ☐☐☐☐☐ ☐☐☐☐☐

**알아두세요.**
You shouldn't miss it.은 직역하면 '그걸 놓치면 안 돼요'입니다. 그러니까 꼭 가서 보라는 얘기 겠죠? 같은 맥락으로 길을 가르쳐 주면서 You can't miss it.이라고 많이 말합니다. '그걸 놓칠 수 없어요'라니 무슨 뜻일까요? 너무 잘 보여서 바로 찾을 수 있을 거라는 뜻입니다.

## 해석하고 따라 쓰기

눈으로만 보면 안 돼요. 우리말 해석을 쓰고 영어 문장을 따라 쓰세요.

1. It is listed as a UNESCO World Heritage Site.

▶ be listed는 어떤 기록이나 글 등에 '실리다'란 뜻입니다.

2. If you like bustling places, you shouldn't miss it.

3. Today, the temple is a tourist attraction.

4. Insadong is famous for traditional Korean crafts.

▶ craft는 손으로 직접 만드는 공예품이나 기술을 뜻합니다.

5. There are a handful of ethnic restaurants around here.

▶ handful은 '줌, 움큼'의 뜻이에요. 한 줌, 한 움큼인 a handful of가 그렇게 많은 양을 나타내지는 않겠죠? '소수의, 얼마 안 되는'의 뜻이랍니다.

6. When was it constructed?

▶ construct(건축하다)는 build와 같은 뜻이에요. 주어가 사물이면 '지어지다'가 되어야 하니까 수동태인 be constructed로 쓰입니다.

UNIT 23

## 응용하기

주어진 표현에 어구만 바꿔서 문장을 써 보세요.

듣기 & 말하기

1. **It is listed as ~.** 그것은 ~로 등재되어 있어요.
   a cultural monument (문화적 기념물) / a historical landmark (사적지)

2. **If ~, you shouldn't miss it.** 만일 ~라면, 놓치지 마세요. / 꼭 가 보세요.
   you ever go to New York (당신에 뉴욕에 가다) / you are a baseball fan (당신이 야구팬이다)

3. **Today, the temple is ~.** 오늘날 그 사원은 ~예요.
   a world heritage site (세계 문화 유산) / under renovation (수리 중인)

4. **~ is famous for ….** ~는 …로 유명해요.
   Hawaii–its beautiful beaches (하와이–아름다운 해변들) /
   Shanghai–historical relics (상해–역사적인 유적들)

5. **There are a handful of ~ around here.** 이 주변에는 ~가 몇 곳 있어요.
   scenic areas (경치가 아름다운 곳들) / picturesque spots (고풍스러운 장소들)

6. **When was it ~?** 그것은 언제 ~했나요?
   open to the public (대중에게 개방된) / stolen (도난당한)

## 확장 응용하기

옆 페이지에 쓴 문장을 다음에 나온 표현에 맞게 다시 쓰세요.

1. **It has been listed as ~.** 그건 ~로 등재돼 있었어요.

▶ 현재시제가 현재의 상황이나 가까운 미래까지 지속될 내용에 초점을 두는 반면, 현재완료인 〈have+과거분사〉는 과거부터 현재까지 진행되어 온 상황에 초점을 두어 언급합니다. 참고로 수동태 〈be동사+과거분사〉의 현재완료는 〈have been+과거분사〉로 표현합니다.

2. **If ~, don't miss it.** 만일 ~라면 그곳을 놓치지 마세요.

▶ You shouldn't를 좀 더 강조하고 싶으면 〈Don't+동사원형〉의 명령문 형태로 바꿔 쓸 수 있어요.

3. **Those days the temple was ~.** 그때 그 사원은 ~였어요.

▶ 현재시제 문장을 과거시제로 바꿔 말하면서 Today는 Those days로, is는 was로 바뀌었어요.

4. **~ is well known for ….** ~는 …로 잘 알려져 있어요.

▶ be famous for는 be well known for로 바꿔서 표현할 수 있습니다.

5. **There are so many ~ around here.** 이 주변에는 ~가 너무 많이 있어요.

▶ a handful of의 반의어로 아주 많은 양을 나타낼 때엔 〈so many+복수명사〉로 표현 가능합니다.

6. **Where was it ~?** 그것은 어디에서 ~했나요?

▶ 이번에는 시간을 물어보는 when 자리에 장소를 묻는 where를 넣어서 훈련해 봅니다.

UNIT 23

# 여행지에서 2
## At the Tourist Spot 2

**미엘린층 만들기** 큰소리로 낭독하고 외우면 영어 고속도로(미엘린층)가 생겨요!

**It is open to the public for free.**
그건 대중들에게 무료로 개방되어 있어요.

open 개방된  the public 대중
for free 무료로

**The amusement park has lots of fun rides.**
놀이공원에 재미있는 놀이기구들이 많아요.

amusement park 놀이공원
lots of 많은  fun 재미있는
ride 놀이기구

**The drive up the mountain is scenic.**
산으로 드라이브하는 길이 경치가 아름다워요.

drive 운전
scenic 경치가 아름다운

**This is the place I've always dreamed of.**
이곳은 내가 항상 꿈꿔 왔던 곳이에요.

place 장소  always 항상
dream of 꿈꾸다

**I don't want to miss such an incredible place.**
그렇게 멋진 곳을 놓치고 싶지 않아요.

miss 놓치다
incredible (믿을 수 없을 정도로) 멋진

**The area around the palace is very historic.**
궁궐 주변 지역은 역사적으로 아주 중요한 곳입니다.

area 지역  palace 궁전, 궁궐
historic 역사적으로 중요한

**Check It Out!** 낭독하기 ☐☐☐☐ ☐☐☐☐ ☐☐☐☐
암송하기 ☐☐☐☐ ☐☐☐☐ ☐☐☐☐

**알아두세요.**
drive는 '운전하다'의 뜻도 있지만 자동차를 타고 가는 '여행, 드라이브'의 의미도 있어요. 그래서 the drive up the mountain은 '산을 올라가는 드라이브 코스' 정도로 이해하면 됩니다.

**해석하고 따라 쓰기** 눈으로만 보면 안 돼요. 우리말 해석을 쓰고 영어 문장을 따라 쓰세요.

1  It is open to the public for free.

▶ be open to는 '~에게 개방되다'의 뜻이에요. public이 '대중'을 뜻할 때는 항상 정관사 the를 동반합니다.

2  The amusement park has lots of fun rides.

▶ ride가 명사로 쓰이면 '탈 것, 탑승'의 뜻이에요. 놀이공원에서 탈 것은 '놀이기구'겠죠?

3  The drive up the mountain is scenic.

▶ scenic은 scenery(경치)에서 파생한 형용사예요. 같은 의미로 with a good view(전망이 좋은) 표현도 함께 알아두세요.

4  This is the place I've always dreamed of.

▶ dream은 '(밤에 자면서) 꿈을 꾸다'의 뜻이기도 하지만, 여기에 of가 붙은 dream of는 원하는 바를 상상하고 생각한다는 뜻의 '꿈꾸다'예요.

5  I don't want to miss such an incredible place.

▶ 〈such a/an+형용사+명사〉는 '그렇게 ~한 명사'란 뜻이에요.

6  The area around the palace is very historic.

▶ historical은 '역사상의, 역사와 관련한'의 뜻이고 historic은 '역사적으로 중요한'의 뜻으로 둘 다 history에서 파생했지만 의미가 다릅니다.

UNIT 24

## 응용하기

주어진 표현에 어구만 바꿔서 문장을 써 보세요.

듣기 & 말하기 ☐☐☐☐☐ ☐☐☐☐☐

1  **~ is open to the public for free.**  ~는 대중에게 무료로 개방되어 있어요.
The event (그 행사) / The observatory (그 전망대)

2  **~ has lots of ….**  ~는 …가 많이 있어요.
The hotel–free parking spots (호텔–무료 주차 공간) /
The museum–hands-on exhibits (박물관–실물 전시)

3  **~ is scenic.**  ~는 경치가 아름다워요.
The east coast (동해안) / The waterfront (해안 지역)

4  **~ I've always dreamed of.**  내가 항상 꿈꿔 왔던 ~.
You are the man (당신은 남자예요) / I have everything in my life (난 내 인생에서 모든 걸 가지고 있어요)

5  **I don't want to miss such ~.**  그런 ~을 놓치고 싶지 않아요.
a good opportunity (좋은 기회) / an important moment (중요한 순간)

6  **~ is very historic.**  ~는 역사적으로 아주 중요해요.
The building (그 건물) / The hotel (그 호텔)

## 확장 응용하기

옆 페이지에 쓴 문장을 다음에 나온 표현에 맞게 다시 쓰세요.

**1  Is ~ open to the public for free?** ~는 대중에게 무료로 개방되어 있나요?

_____

_____

▶ be동사가 들어간 문장을 의문문으로 바꿔 봅니다. 이때는 be동사를 문장 맨 앞으로 놓기만 하면 돼요.

**2  Do you know ~ has lots of …?** ~는 …가 많이 있다는 것, 알고 있어요?

_____

_____

▶ 문장 앞에 Do you know ~?를 붙이면 어떠한 사실을 상대방이 알고 있는지 확인할 수 있어요.

**3  As you said, ~ is scenic.** 당신이 말한 것처럼, ~는 경치가 아름다워요.

_____

_____

▶ as you said는 '당신이 말했던 것처럼'의 뜻이에요. 이때의 as는 '~처럼, ~대로'의 뜻입니다.

**4  I want you to know ~ I've always dreamed of.**
내가 항상 꿈꿔 왔던 ~라는 걸 당신이 알면 좋겠어요.

_____

_____

▶ 〈want A to+동사원형〉은 'A가 ~하면 좋겠다'로 상대방이 해줬으면 하는 행동을 나타낼 때 씁니다.

**5  I never want to miss such ~.** 그런 ~을 절대 놓치고 싶지 않아요.

_____

_____

▶ 그냥 not을 쓰는 것보다 never를 쓰면 부정의 강도를 더 높여 말하는 느낌이에요.

**6  ~ has been very historic.** ~는 역사적으로 (예전부터 지금까지) 아주 중요해요.

_____

_____

▶ 현재형에서 현재완료형으로 바뀌면서 '과거의 한 시점부터 지금까지 그렇다'는 걸 표현하고 있습니다.

UNIT 24

# UNIT 25 길 묻기 1
## Asking Directions 1

**미엘린층 만들기** 큰소리로 낭독하고 외우면 영어 고속도로(미엘린층)가 생겨요!

**Could you tell me how I can get to Times Square?**
타임스퀘어에 어떻게 가는지 알려 주시겠어요?

- Could you ~? ~해 주시겠어요?
- tell A B A에게 B를 말해 주다
- get to ~에 도착하다

**Is it far from here?**
그곳은 여기에서 먼가요?

- far from ~에서 먼

**Turn right and take the second left.**
우회전해서 왼쪽 두 번째 길로 가세요.

- turn right 우회전하다
- take the second left 왼쪽 두 번째 길로 가다

**Keep walking straight ahead.**
앞으로 곧장 계속 걸어가세요.

- keep -ing 계속 ~하다
- straight ahead 곧장 앞으로

**I got lost in the middle of London.**
런던 한복판에서 길을 잃었어요.

- get lost 길을 잃다
- in the middle of ~의 한 가운데서, ~ 한복판에서

**Is it opposite the post office?**
우체국 반대편인가요?

- opposite ~의 반대편에 있는
- post office 우체국

**Check It Out!**
낭독하기 ☐☐☐☐☐ ☐☐☐☐☐
암송하기 ☐☐☐☐☐ ☐☐☐☐☐

**알아두세요.**
How can I get to Time Square?와 Could you tell me how I can get to Time Square?에서 뭐가 다른지 아시겠어요? 맞아요, 바로 첫 번째 문장에서는 can이 I 앞에 놓였지만, 두 번째 문장에서는 can이 I 뒤에 놓였습니다. 이렇게 우리가 의문문이라고 부르는 문장이 단독이 아니라 Could you tell me 같은 다른 문장 안으로 들어가면 〈동사+주어〉의 순서가 아니라 〈주어+동사〉의 순서가 된답니다. 아주 중요한 사항이니까 꼭 알아두세요.

## 해석하고 따라 쓰기

눈으로만 보면 안 돼요. 우리말 해석을 쓰고 영어 문장을 따라 쓰세요.

1. Could you tell me how I can get to Time Square?

   ▶ ⟨tell+사람+how+주어+동사⟩는 '~에게 …하는 법을 알려주다'란 뜻이에요.

2. Is it far from here?

   ▶ 여기서 it은 '그것'의 의미가 아니에요. 비어 있는 주어 자리를 채워 주기 위해 놓이는 역할의 it이랍니다.

3. Turn right and take the second left.

   ▶ 여기서 right은 '오른쪽으로', left는 '왼쪽으로'의 뜻이에요. take는 '(도로 등을) 타다'로 take the second left는 '왼쪽 두 번째 길을 타고 가다'의 의미입니다. 길 알려 줄 때 정확히 알아들어야 하는 표현 중 하나예요.

4. Keep walking straight ahead.

   ▶ straight는 '곧장', ahead는 '앞으로'니까 straight ahead는 '곧장 앞으로'의 의미예요.

5. I got lost in the middle of London.

   ▶ get lost(길을 잃다)는 lose one's way라고도 표현할 수 있어요.

6. Is it opposite the post office?

   ▶ 여기서 쓰인 opposite은 '~의 반대편에 있는'의 의미예요.

UNIT 25

## 응용하기

주어진 표현에 어구만 바꿔서 문장을 써 보세요.

듣기 & 말하기 ☐☐☐☐☐ ☐☐☐☐☐

**1  Could you tell me how I get to ~?** ~에 어떻게 가는지 알려 주시겠어요?
the nearest hospital (가장 가까운 병원) / the Prince Hotel in Shinjuku (신주쿠의 프린스 호텔)

---

**2  Is it ~ ?** ~해요?
easy to get from here to the city (여기에서 도시까지 오기 쉬운) /
quite away from here to the city (여기에서 도시까지 거리가 좀 되는)

---

**3  Turn right and take ~.** 우회전하고 ~를 타세요.
the overpass (고가도로) / Ninth Avenue east (동쪽으로 9번가를)

---

**4  Keep ~ straight ahead.** 앞으로 곧장 계속 ~하세요.
going (가는) / driving (운전하는)

---

**5  I got lost in the middle of ~.** ~ 한복판에서 길을 잃었어요.
the woods (숲) / the city (도시)

---

**6  Is it opposite ~?** ~ 반대편인가요?
the station (역) / the dry cleaner's (세탁소)

## 확장 응용하기

옆 페이지에 쓴 문장을 다음에 나온 표현에 맞게 다시 쓰세요.

1  **Could you tell me where I can find ~?** 어디에서 ~를 찾을 수 있는지 알려 주시겠어요?

▶ 〈how I get to+장소〉를 비슷한 의미의 〈where I can find+장소〉로 바꿔 표현하고 있어요.

2  **Is it ~ ?** ~인가요?

▶ 많이 쓰이는 중요한 표현이니까 한 번 더 써 보세요.

3  **Turn right and take ~ to get to the school.**
학교에 가시려면 우회전하고 ~를 타세요.

▶ 뒤에 목적을 나타내는 어구가 붙어서 해당 행위를 하는 이유를 명확하게 밝히고 있어요.

4  **Keep ~ straight head on this road.** 이 길로 앞으로 곧장 계속 ~하세요.

5  **I got lost in the middle of ~ the other day.** 일전에 ~ 한복판에서 길을 잃었어요.

▶ 과거시제는 보통 해당 행위가 일어났던 과거 시점을 밝혀 주며 쓰는 걸 추천합니다.

6  **Is it across from ~?** ~ 맞은 편인가요?

▶ across from은 '~의 맞은 편에'란 뜻으로 opposite 대신 쓸 수 있어요.

UNIT 25

# REVIEW UNIT 21-25

**확인학습** 다음 우리말 문장을 영어로 쓰세요.

1  양장본 판 있어요?

   ▶ _____

2  이곳 주변에는 전통 음식점들이 몇 곳 있어요.

   ▶ _____

3  심리학 서적 부분을 찾고 있어요.

   ▶ _____

4  그것은 언제 지어졌나요?

   ▶ _____

5  그 책 절판되었나요?

   ▶ _____

6  그건 대중들에게 무료로 개방되어 있어요.

   ▶ _____

7  갖고 있는 판은 이것 뿐인가요?

   ▶ _____

8  산으로 드라이브하는 길이 경치가 아름다워요.

   ▶ _____

9  왜 반품할 수 없는 건가요?

   ▶ _____

10 이곳은 내가 항상 꿈꿔 왔던 곳이에요.

   ▶ _____

**11** 지금까지의 역대 베스트셀러 소설들은 무엇인가요?

▶ _____

**12** 궁궐 주변 지역은 역사적으로 아주 중요한 곳입니다.

▶ _____

**13** 여기서 기프트 카드로 지불할 수 있나요?

▶ _____

**14** 그곳은 여기에서 먼가요?

▶ _____

**15** 책 저자가 누구인가요?

▶ _____

**16** 런던 한복판에서 길을 잃었어요.

▶ _____

**17** 그것은 세계 문화 유산으로 등재되어 있어요.

▶ _____

**18** 타임스퀘어에 어떻게 가는지 알려 주시겠어요?

▶ _____

**19** 북적거리는 곳을 좋아하면, 그곳을 꼭 가 보세요.

▶ _____

**20** 우체국 반대편인가요?

▶ _____

## UNIT 26 길 묻기 2
### Asking Directions 2

**미엘린층 만들기** 큰소리로 낭독하고 외우면 영어 고속도로(미엘린층)가 생겨요!

**There's a drug store on the corner.**
모퉁이에 약국이 있어요.

drug store 약국
on the corner 모퉁이에

**Is there a convenience store near here?**
이 근처에 편의점이 있나요?

convenience store 편의점
near here 이 근처에

**Where is the nearest bus stop?**
가장 가까운 버스 정류장은 어디에 있나요?

nearest 가장 가까운
bus stop 버스 정류장

**Walk three blocks east.**
동쪽으로 세 블록 걸어가세요.

block 블록 (도로를 나누는 구역)
east 동쪽으로

**Turn right at the next intersection.**
다음 사거리에서 우회전하세요.

intersection 사거리

**Turn left at the traffic lights and walk another 20 meters.**
신호등에서 좌회전하고서 20미터 더 걸으세요.

turn left 좌회전하다
traffic light 신호등
another 더, 또

**Check It Out!**  낭독하기 ☐☐☐☐☐ ☐☐☐☐☐
암송하기 ☐☐☐☐☐ ☐☐☐☐☐

**알아두세요.**
우리나라 약국에서는 주로 약을 팝니다. 이렇게 약을 전문적으로 파는 약국은 **drug store**가 아니라 **pharmacy**라고 합니다. 미국 등에서의 **drug store**는 약 외에 기타 생활 용품을 파는 잡화점 같은 역할을 합니다.

## 해석하고 따라 쓰기

눈으로만 보면 안 돼요. 우리말 해석을 쓰고 영어 문장을 따라 쓰세요.

1 There's a drug store on the corner.

▶ street(길)의 '모퉁이'를 corner라고 합니다.

2 Is there a convenience store near here?

▶ 전치사 near는 '~ 가까이에'란 뜻으로 close to와 같은 뜻이에요.

3 Where is the nearest bus stop?

▶ 형용사 near(가까운)에 -est를 붙이면 최상급이 되어 '가장 가까운'의 뜻이 됩니다.

4 Walk three blocks east.

▶ east, west, south, north는 명사(동쪽, 서쪽, 남쪽, 북쪽)로도 쓰이고, 부사(동쪽으로, 서쪽으로, 남쪽으로, 북쪽으로)로도 쓰입니다. 이 문장에서는 '동쪽으로'란 부사로 쓰였어요.

5 Turn right at the next intersection.

▶ '교차로, 사거리'는 intersection이고, '육교'는 overpass라고 해요.

6 Turn left at the traffic lights and walk another 20 meters.

▶ another는 '다른', '하나 더', '또'의 뜻이 있어요. 이 문장에서는 '또'의 뜻으로 쓰였어요.

## 응용하기

주어진 표현에 어구만 바꿔서 문장을 써 보세요.

듣기 & 말하기

1  **There's ~ on the corner.** 모퉁이에 ~가 있어요.

a street sign (길거리 표지판) / a red post box (빨간 우편함)

2  **Is there a ~ near hear?** 이 근처에 ~이 있나요?

pharmacy (약국) / Chinese restaurant (중국 음식점)

3  **Where is the nearest ~?** 가장 가까운 ~는 어디에 있나요?

subway station (지하철역) / car repair shop (자동차 정비소)

4  **Walk three blocks ~.** ~ 세 블록 걸어가세요.

north (북쪽으로) / west (서쪽으로)

5  **Turn right at ~.** ~에서 우회전하세요.

the first corner (첫 번째 모퉁이) / the traffic lights (신호등)

6  **Turn left at the traffic lights and ~.** 신호등에서 좌회전해서 ~.

walk into the park (공원으로 걸어 들어가다) / follow the sign (표지판을 따라가다)

## 확장 응용하기

옆 페이지에 쓴 문장을 다음에 나온 표현에 맞게 다시 쓰세요.

1 **There used to be ~ on the corner.** 모퉁이에 ~가 있었어요. (지금은 없지만요.)

▶ 〈used to+동사원형〉은 '과거의 행위나 상태'를 나타내는 표현입니다. 지금은 그렇지 않다는 걸 나타내지요.

2 **Please tell me if there is ~ near here.** 이 근처에 ~가 있는지 말씀해 주세요.

▶ 여기서 if는 '~라면'의 뜻이 아니에요. '~인지 아닌지'의 의미로 쓰였습니다.

3 **Excuse me, but where is the nearest ~ from here?**
실례지만, 여기서 가장 가까운 ~는 어디에 있나요?

▶ 무턱대고 물어보는 것보다 Excuse me, but으로 운을 떼고 말하는 게 훨씬 정중한 인상을 줍니다.

4 **You should walk three blocks ~.** ~ 세 블록 걸어가셔야 해요.

▶ should와 must 모두 '~해야 한다'의 뜻이지만, should는 하면 좋으니까 해 보라는 충고에 가까워요.

5 **Would you please turn right at ~?** ~에서 우회전해 주시겠어요?

▶ 사실, 동사부터 툭 던지며 말하는 명령문도 될 수 있으면 피해 주세요.
이렇게 Would you please ~로 시작하면 말하는 사람도, 듣는 사람도 기분 좋아집니다.

6 **Let me turn left at the traffic lights and ~.** 제가 신호등에서 좌회전해서 ~할게요.

▶ 〈Let me+동사원형〉은 '제가 ~할게요'로 자신의 의지를 나타낼 때 씁니다.

UNIT 26

# UNIT 27
## 버스와 지하철에서 1
### On the Bus & Subway 1

**미엘린층 만들기** 큰소리로 낭독하고 외우면 영어 고속도로(미엘린층)가 생겨요!

**Does this bus go to the convention center?**
이 버스, 컨벤션 센터에 가요?

go to ~에 가다
convention center 컨벤션 센터

**Is it a long ride?**
오래 타야 해요?

long 오랜, 긴
ride 탑승

**Take the number 271 bus.**
271번 버스를 타세요.

take (교통 수단을) 타다

**Am I on the right bus?**
제가 버스 제대로 탄 건가요?

right 옳은

**Ring the bell just before you get off.**
내리기 바로 전에 벨을 누르세요.

ring the bell 벨을 울리다
just before ~하기 바로 전에
get off (교통 수단에서) 하차하다

**Does this bus stop at Melrose?**
이 버스는 멜로즈에서 서나요?

stop (차가) 정차하다

**Check It Out!**
낭독하기 ☐☐☐☐ ☐☐☐☐
암송하기 ☐☐☐☐ ☐☐☐☐

**알아두세요.**
take a bus도 '버스를 타다'고 get on a bus도 '버스를 타다'입니다. 차이점이 뭘까요? take는 교통 수단을 이용한다는 의미의 '타다'이고요. get on은 실제로 교통 수단에 몸을 집어 넣어 타는 걸 뜻해요. 집에 가려고 교통 카드 찍고 버스에 타는 건 get on a bus고요. 지하철로 갈까, 버스로 갈까 고민하는 친구에게 '버스 타'라고 할 때는 Take a bus.라고 하면 됩니다.

## 해석하고 따라 쓰기

눈으로만 보면 안 돼요. 우리말 해석을 쓰고 영어 문장을 따라 쓰세요.

1. Does this bus go to the convention center?

▶ 〈go to+장소〉는 '~에 가다'란 뜻이에요. 이건 꼭 사람뿐 아니라 버스나 지하철 같은 교통 수단이 '~에 간다'고 할 때도 쓸 수 있습니다.

2. Is it a long ride?

▶ 직역하면 '긴 탑승인가요?'지만, '오래 타고 가는 건가요?'의 의미입니다.

3. Take the number 271 bus.

▶ 버스 번호를 언급하면서 타라고 할 때는 〈number+숫자+bus〉로 표현합니다.

4. Am I on the right bus?

▶ on the bus는 '버스를 탄'이에요. 이 bus 앞에 '제대로 된'이란 right을 붙이면 '제대로 맞게 버스에 탄'의 의미가 되지요.

5. Ring the bell just before you get off.

▶ just가 없으면 내리기 전에 아무 때나 벨을 울리라는 얘기지만, just가 붙으면 내리기 바로 전에 벨을 울리라는 뜻으로 의미가 조금 달라집니다.

6. Does this bus stop at Melrose?

▶ 어떤 한 곳을 콕 찍어서 말할 때는 in이 아니라 at을 쓰는 것에 유의하세요.

UNIT 27

## 응용하기

주어진 표현에 어구만 바꿔서 문장을 써 보세요.

듣기 & 말하기

**1 Does this bus go to ~?** 이 버스, ~에 가나요?
the subway station (지하철역) / the Plaza Hotel (플라자 호텔)

**2 Is it a ~?** ~인가요?
a long walk (오래 걷기) / a long way (까마득한 거리)

**3 Take ~.** 타세요.
a taxi (택시) / the subway line number 2 (지하철 2호선)

**4 Am I ~?** 제가 ~인가요?
on the wrong bus (버스를 잘못 탄) / on the right track (맞는 방향으로 가고 있는)

**5 ~ just before you get off.** 내리기 직전에 ~.
Pay the driver (운전사에게 요금 지불하세요) / Take your personal belongings (개인 소지품을 챙기세요)

**6 Does this bus stop at ~?** 이 버스는 ~에 서나요?
1st Street (1번가) / every stop (모든 정거장)

## 확장 응용하기

옆 페이지에 쓴 문장을 다음에 나온 표현에 맞게 다시 쓰세요.

**1  Doesn't this bus go to ~?** 이 버스, ~에 가지 않나요?

▶ 〈Doesn't/Don't+주어+동사원형 ~?〉은 '주어가 ~하지 않나요?'로 부정의문문을 나타냅니다.

**2  Is it a ~ to Seoul?** 서울까지 ~인가요?

**3  Why don't you take ~?** ~ 타는 게 어때요?

▶ Why don't you ~?는 '~하는 게 어때?'의 뜻으로 명령보다는 권유, 제안의 뉘앙스를 풍겨요.

**4  Was I ~?** 제가 ~였던 건가요?

▶ 과거시제로 물어보는 걸 훈련해 보세요. Be동사가 들어간 의문문은 be동사만 과거형으로 바꾸면 됩니다. am의 과거형은 was입니다.

**5  I recommend you to ~ just before you get off.** 내리기 직전에 ~하는 걸 추천해요.

▶ 〈recommend A+to+동사원형〉은 'A에게 ~할 것을 추천하다'의 뜻입니다. 넓게 보면 명령의 또 다른 형태죠.

**6  It is certain that this bus stops at ~.** 이 버스가 ~에 서는 게 확실합니다.

▶ It is certain that ~은 that 이하에 나오는 내용이 확실하다는 뜻이에요. that 다음에는 보통문이 나오기 때문에 〈주어+동사〉의 순서가 와야 합니다.

# UNIT 28
## 버스와 지하철에서 2
### On the Bus & Subway 2

**미엘린층 만들기** 큰소리로 낭독하고 외우면 영어 고속도로(미엘린층)가 생겨요!

**Get off at the next stop.**
다음 정거장에서 내리세요.

get off (교통 수단에서) 내리다
stop 정류장

**How many stops are there before City Hall?**
시청까지는 몇 정거장 남았어요?

City Hall 시청

**Which line should I take to get to the Hyatt Hotel?**
하얏트 호텔에 가려면 몇 호선을 타야 하나요?

line (지하철의) 호선
take 탑승하다
get to ~에 도착하다

**Take the blue line and transfer at Jackson.**
파란색 호선을 탄 다음 잭슨에서 갈아타세요.

transfer 갈아타다, 환승하다

**Does the subway run 24 hours?**
지하철이 24시간 운행되나요?

subway 지하철   run 운행하다
24 hours 24시간 내내

**What time does the subway start in the morning?**
지하철은 아침에 몇 시에 시작합니까?

start 시작하다
in the morning 아침에

**Check It Out!**   낭독하기 ☐☐☐☐ ☐☐☐☐
                   암송하기 ☐☐☐☐ ☐☐☐☐

**알아두세요.**
1. 외국은 색깔로 호선을 구분하지만 우리는 숫자로 구분합니다. '2호선을 타세요'라고 할 때는 Take the line number 2.라고 하면 됩니다.
2. '24시간 (내내)'이라고 for 24 hours로 표현하지 않도록 하세요. 평상시에 늘 24시간 하는 건 24 hours로 나타내는 것, 꼭 알아두세요.

## 해석하고 따라 쓰기

눈으로만 보면 안 돼요. 우리말 해석을 쓰고 영어 문장을 따라 쓰세요.

1 Get off at the next stop.

▶ 대중교통에서 '하차하다'는 get off고요, 개인 자가용에서 '하차하다'는 get out of the car라고 해요. '내리다'와 '나오다'의 의미상 차이가 있지요. 반대로 '차에 타다'는 get on the car(차에 올라타다)와 get into the car(차 안에 타다)를 사용해요.

2 How many stops are there before the City Hall?

3 Which line should I take to get to the Hyatt Hotel?

▶ line은 지하철의 '호선'을 가리키고 route는 버스 등의 '노선'을 가리켜요.

4 Take the blue line and transfer at Jackson.

▶ the blue line은 지하철의 표시 색깔 중 '파란색으로 표시된 노선'을 가리켜요. 한국에서는 4호선이지만 나라마다 가리키는 호선이 달라요.

5 Does the bus run 24 hours?

▶ run은 '달리다', '운영하다', '운행하다' 등의 뜻이 있어요. 대중교통과 쓰이면 '운행되다'의 뜻이에요.

6 What time does the subway start in the morning?

▶ 여기서 start(시작하다)는 start to run(운행하기 시작하다)의 의미예요.

UNIT 28

## 응용하기

주어진 표현에 어구만 바꿔서 문장을 써 보세요.

듣기 & 말하기 ☐☐☐☐☐ ☐☐☐☐☐

**1　Get off at ~.** ~에서 내리세요.

　　　the third stop (세 번째 정거장) / the next to the last stop (종점 바로 전 정거장)

---

**2　How many stops are there before ~?** ~까지 몇 정거장 남았어요?

　　　the gallery (화랑) / the Victoria station (빅토리아역)

---

**3　Which ~ should I take to get to the Hyatt Hotel?**
하얏트 호텔에 가려면 어떤 ~를 타야 하나요?

　　　bus (버스) / road (길)

---

**4　Take ~ and transfer at Jackson.** ~을 탄 다음 잭슨에서 갈아타세요.

　　　the orange line (주황색 노선) / the line 7 (7호선)

---

**5　Does the subway run ~?** 지하철이 ~ 운행되나요?

　　　on Sunday (일요일에) / even at night (야간에도)

---

**6　What time does ~ start in the morning?** ~는 아침 몇 시에 시작하나요?

　　　the work (일) / the English class (영어 수업)

## 확장 응용하기

옆 페이지에 쓴 문장을 다음에 나온 표현에 맞게 다시 쓰세요.

**1  I want to get off at ~.** 저 ~에서 내리고 싶어요.

▶ 〈want to+동사원형〉은 '~하고 싶다'라는 소망을 나타냅니다.

**2  How many times does the bus stop before ~?**
~까지 버스가 몇 번이나 서나요?

▶ 같은 의미의 문장을 이렇게 표현할 수 있습니다. stop은 명사로는 '정류장, 정차', 동사로는 '정차하다, 멈추다'의 뜻이에요.

**3  Which ~ should I take in order to get to the Hyatt Hotel?**
하얏트 호텔에 가려면 어떤 ~를 타야 하나요?

▶ '~하기 위해서'의 목적을 나타내는 표현으로 〈to+동사원형〉 외에 〈in order to+동사원형〉도 많이 씁니다.

**4  I'd rather take ~ and transfer at Jackson.** (차라리) ~을 탄 다음 잭슨에서 갈아타겠어요.

▶ would rather (='d rather)는 '(차라리) ~하는 게 낫겠다/(차라리) ~하겠다'의 뜻이에요.

**5  Is the subway in operation ~?** 지하철이 ~ 운행되나요?

▶ run이 '운행하다'의 뜻일 때는 be in operation으로 표현할 수 있습니다. 영어를 잘한다는 건, 이렇게 표현을 자유자재로 바꿔 쓰는 걸 의미합니다.

**6  What time does ~ usually start in the morning?**
~는 대개 아침 몇 시에 시작하나요?

▶ usually는 '대개, 보통'의 의미로 주로 본동사 앞에 놓이는 경향이 있습니다.

UNIT 28

# UNIT 29 병원에서 1
## At the Hospital 1

**미엘린층 만들기** 큰소리로 낭독하고 외우면 영어 고속도로(미엘린층)가 생겨요!

**Can I see Dr. Jenkins?**
젠킨스 박사를 만날 수 있을까요?

see 만나다

**Does she have openings on Thursday or Friday?**
목요일이나 금요일에 선생님 빈 시간이 있나요?

opening 빈 자리

**What seems to be the trouble?**
뭐가 문제인가요?

seem ~처럼 보이다
trouble 문제

**I have a knee problem.**
무릎에 문제가 있어서요.

have a problem 문제가 있다
knee 무릎

**I think I caught a cold.**
저 감기에 걸린 것 같아요.

catch a cold 감기에 걸리다

**I twisted my ankle somehow.**
어쩌다가 발목을 접질렀나 봐요.

twist 접지르다
somehow 어쩌다, 왠지

**Check It Out!** 낭독하기 ☐☐☐☐☐ ☐☐☐☐☐
암송하기 ☐☐☐☐☐ ☐☐☐☐☐

**알아두세요.**
1. see는 '~를 만나다', '~를 사귀다'의 뜻이 있고, 병원에서 쓰일 때는 '의사의 진찰을 받다'의 의미로도 쓰입니다.
2. opening은 '빈 자리, 공석'의 의미로 예약 관련해서 '비어 있는 시간'의 뜻도 있습니다.

## 해석하고 따라 쓰기

눈으로만 보면 안 돼요. 우리말 해석을 쓰고 영어 문장을 따라 쓰세요.

1  Can I see Dr. Jenkins?

▶ Dr.는 '박사'로 꼭 의사만 칭하지는 않아요. 의학박사는 M.D. (Doctor of Medicine)이라고 해요.

2  Does she have openings on Thursday or Friday?

▶ '~요일에'는 요일 앞에 in이 아니라 on이 옵니다.

3  What seems to be the trouble?

▶ 의사에게 진찰을 받으러 가면 제일 먼저 듣게 되는 질문이에요. 직역하면 '뭐가 문제인 것 같으세요?'인데, '어디가 불편하세요?'의 뜻입니다.

4  I have a knee problem.

▶ have a problem은 '문제가 있다'의 의미로 problem 앞에 아픈 부위를 넣으면 그 부위에 문제가 있다는 뜻이 됩니다.

5  I think I caught a cold.

▶ I think를 써서 '~인 것 같아요'라고 표현합니다. 의사가 아직 감기라고 진단을 내린 건 아니지만 자기가 봤을 때 감기라는 걸 알 수 있잖아요. 그때 이렇게 표현할 수 있습니다.

6  I twisted my ankle somehow.

▶ 이걸 '내가 내 발목을 접질렀다'로 이해하면 안 돼요. 원어민들은 부러지거나 삐었다고 표현할 때 자신을 주어로 써서 이렇게 표현합니다. 조금 특이한 사항이니 꼭 알아두세요.

UNIT 29

## 응용하기

주어진 표현에 어구만 바꿔서 문장을 써 보세요.

듣기 & 말하기

1  **Can I see ~?**  ~를 만날 수 있을까요?

you (당신) / your parents (당신 부모님)

2  **Does she have openings on ~?**  ~에 선생님 빈 시간이 있나요?

Monday and Tuesday (월요일과 화요일) / Wednesday or Friday (수요일이나 금요일)

3  **What seems to be ~?**  뭐가 ~인 것 같으세요?

wrong with you (당신에게 이상이 있는) / the problem with your car (당신 차의 문제)

4  **I have a ~ problem.**  ~에 문제가 있어요.

stomach (위) / back (등)

5  **I think ~.**  저 ~인 것 같아요.

I'm running a fever (열이 있다) / I'm getting better (몸이 나아지고 있다)

6  **I ~ my ankle somehow.**  어쩌다 발목을 ~요.

sprained (삐었다) / broke (부러졌다)

## 확장 응용하기

옆 페이지에 쓴 문장을 다음에 나온 표현에 맞게 다시 쓰세요.

**1  I want to see ~.** ~를 만나고 싶어요.

▶ 허락을 구하는 Can I ~?에서 소망을 직접적으로 나타내는 I want to로 바꿔 좀 더 강한 의지를 표현할 수 있어요.

**2  Is she available on ~?** 선생님은 ~에 시간이 되나요?

▶ have openings는 '빈 시간이 있다' 즉 '환자가 예약되어 있지 않은 시간이 있다'의 뜻이어서 be available(시간이 있다)로 바꿔 표현할 수 있어요.

**3  What seemed to be ~?** 뭐가 ~인 것 같았어요?

▶ 현재시제를 과거시제로 바꿔서 말합니다. 이때는 동사 seems를 바로 과거시제로 고치면 돼요.

**4  I doubt I have a ~ problem.** ~에 문제가 있는 것 같지는 않아요.

▶ I doubt는 뒤에 오는 내용을 의심할 때 쓸 수 있어요. 다른 사람이 다 내 위나 등에 문제가 있다고 하는데 자기는 그렇지 않다고 의심할 때 이렇게 말할 수 있어요.

**5  I don't think ~.** ~ 아닌 것 같아요.

▶ ~ 자리에 오는 내용이 자기 생각에는 아닌 것 같다고 부정할 때 이렇게 표현합니다. 앞서 나왔던 I doubt와 거의 같은 의미예요.

**6  It seems that I ~ my ankle somehow.** 어쩌다 발목을 ~한 것 같네요.

▶ It seems that ~은 ~에 오는 내용의 양상인 것 같을 때 씁니다. 확실하게 단정짓지 않고 여지를 주는 표현이죠.

UNIT 29

# UNIT 30 병원에서 2
## At the Hospital 2

미엘린층 만들기    큰소리로 낭독하고 외우면 영어 고속도로(미엘린층)가 생겨요!

**This is an emergency.**
이건 응급상황이에요.

**Can you prescribe me some medication?**
약 좀 처방해 주실 수 있으세요?

**Have you taken any medicine?**
약을 복용한 적이 있어요?

**Are you allergic to anything?**
알레르기가 있어요?

**Is there any possibility you might be pregnant?**
임신 가능성이 있나요?

**You ought to get some rest.**
좀 쉬셔야 해요.

- emergency 응급상황
- prescribe medication 약을 처방하다
- take medicine 약을 복용하다
- be allergic to ~에 알레르기가 있다
- possibility 가능성
- might ~일지도 모른다
- pregnant 임신한
- ought to+동사원형 ~해야 한다
- get some rest 쉬다

**Check It Out!**    낭독하기 ☐☐☐☐ ☐☐☐☐☐    암송하기 ☐☐☐☐ ☐☐☐☐☐

**알아두세요.**
1. 세 번째, 네 번째, 다섯 번째 문장은 약을 처방해 줄 때 꼭 의사가 꼭 물어보는 질문들입니다. 이렇게 물어보지 않고 처방전을 쓰는 의사는 없다고 보시면 되므로 반드시 알아두어야 할 표현들이에요.
2. ought to는 should와 거의 같은 의미로 '충고'에 가까운 '~해야 한다'이지 강제적인 의무의 뜻이 아니에요.

## 해석하고 따라 쓰기

눈으로만 보면 안 돼요. 우리말 해석을 쓰고 영어 문장을 따라 쓰세요.

1  This is an emergency.

▶ emergency는 '비상사태' 혹은 '응급상황'을 가리켜요. 그래서 emergency room은 '응급실', emergency exit는 '비상구'의 뜻입니다.

2  Can you prescribe me some medication?

▶ medication은 '약물치료'와 '약'의 뜻이 있어요. 참고로 medicine은 '의학' 혹은 '(액체) 약'의 의미입니다.

3  Have you taken any medicine?

▶ any를 쓴 건 특정 질환 때문이든 가벼운 질환 때문이든 약이라고 하는 걸 먹은 적이 있냐고 묻기 위해서예요.

4  Are you allergic to anything?

▶ 특정 성분에 알레르기가 있는지도 처방할 때 중요합니다. be allergic to 뒤에 알레르기가 있는 것을 쓰면 됩니다.

5  Is there any possibility you might be pregnant?

▶ 이 질문은 가임기 여성에게 반드시 물어보는 내용입니다.

6  You ought to get some rest.

▶ 쉬어야 병이 낫죠. 그래서 이 말도 의사들이 빼먹지 않고 씁니다.

UNIT 30

## 응용하기

주어진 표현에 어구만 바꿔서 문장을 써 보세요.

듣기 & 말하기

**1  This is an emergency ~.** 이게 응급/비상 ~예요.
   contact number (연락 번호: 비상 연락망) / alarm (경보: 비상벨)

_____

_____

**2  Can you prescribe me ~?** 제게 ~을 처방해 주시겠어요?
   antibiotics (항생제) / oral steroids (경구용 스테로이드제)

_____

_____

**3  Have you taken ~?** ~ 복용한 적 있어요?
   any drugs we don't know about (우리가 모르는 약) / any pain killers (진통제)

_____

_____

**4  Are you allergic to ~?** ~에 알레르기가 있어요?
   pollen (꽃가루) / eggs (계란)

_____

_____

**5  Is there any possibility ~?** ~일 가능성이 있나요?
   this is a coincidence (이것이 우연의 일치이다) / he sees it again (그가 그것을 다시 보다)

_____

_____

**6  You ought to ~.** ~하셔야 해요.
   do it at once (그것을 당장 하다) / speak to her (그녀에게 말하다)

_____

_____

## 확장 응용하기

옆 페이지에 쓴 문장을 다음에 나온 표현에 맞게 다시 쓰세요.

**1  Is this an emergency ~?** 이게 응급/비상 ~예요?

▶ 평서문을 의문문으로 표현해 봅니다. be동사가 들어 있는 평서문은 be동사만 문장 앞으로 빼면 되지요.

**2  I want to have ~ prescribed.** ~를 처방 받고 싶습니다.

▶ ⟨have+사물+과거분사⟩는 '~를 …한 상태로 만들다'의 뜻이에요. 위의 패턴을 직역하면 '~을 처방 받은 상태로 하고 싶다'이므로 결국 '~을 처방해 주세요'라는 의미입니다.

**3  Have you ever taken ~?** 한번이라도 ~을 복용한 적이 있어요?

▶ ⟨Have you+과거분사 ~?⟩는 '~해 본 적 있어요?'라는 경험의 의미예요. 이때 ever를 쓰면 '한번이라도'의 의미가 추가됩니다.

**4  I'm allergic to ~.** 저 ~에 알레르기가 있어요.

▶ 식당이나 병원에서 자신이 어떤 것에 알레르기가 있는지 말할 때 쓰는 표현입니다.

**5  Isn't there any possibility ~?** ~일 가능성이 있지 않나요?

▶ 의미는 결국 같지만 우리말의 '~이지 않나요?'처럼 부정의문문으로 물어볼 때, Be동사의 의문문은 ⟨Be동사+not⟩의 축약형을 써서 표현할 수 있어요.

**6  You ought not to ~.** ~하지 마셔야 해요.

▶ ought to의 부정형은 ought not to입니다. 축약해서 oughtn't to로 쓰지 않게 주의하세요.

UNIT 30

확인학습  다음 우리말 문장을 영어로 쓰세요.

1  신호등에서 좌회전해서 20미터 더 걸으세요.

   ▶ _____

2  파란색 호선을 탄 다음 잭슨에서 갈아타세요.

   ▶ _____

3  동쪽으로 세 블록 걸어가세요.

   ▶ _____

4  지하철이 24시간 운행되나요?

   ▶ _____

5  이 근처에 편의점이 있나요?

   ▶ _____

6  뭐가 문제인가요?

   ▶ _____

7  다음 사거리에서 우회전하세요.

   ▶ _____

8  무릎에 문제가 있어서요.

   ▶ _____

9  이 버스, 컨벤션 센터에 가요?

   ▶ _____

10  어쩌다가 발목을 접질렀나 봐요.

   ▶ _____

11   271번 버스를 타세요.

   ▶ _____

12   젠킨스 박사를 만날 수 있을까요?

   ▶ _____

13   내리기 바로 전에 벨을 누르세요.

   ▶ _____

14   약 좀 처방해 주실 수 있으세요?

   ▶ _____

15   오래 타야 해요?

   ▶ _____

16   알레르기가 있어요?

   ▶ _____

17   다음 정거장에서 내리세요.

   ▶ _____

18   임신 가능성이 있나요?

   ▶ _____

19   시청까지는 몇 정거장 남았어요?

   ▶ _____

20   약을 복용한 적이 있어요?

   ▶ _____

# UNIT 31 우체국에서 1
## At the Post Office 1

**미엘린층 만들기** 큰소리로 낭독하고 외우면 영어 고속도로(미엘린층)가 생겨요!

**Do you sell boxes here?**
여기에서 박스 팔아요?

sell 팔다

**What is the cheapest way to send this?**
이걸 보내는 가장 저렴한 방법이 뭐예요?

cheap 저렴한   way 방법
send 보내다

**It has some fragile items.**
깨지기 쉬운 물건들이 들어 있어요.

fragile 깨지기 쉬운
item 물품

**I marked "Perishable" on the package.**
소포에다 '상하기 쉬운'이라고 표시했어요.

mark 표시하다
perishable 상하기 쉬운
package 소포

**I want to send this parcel by air mail.**
이 소포를 항공우편으로 보내고 싶어요.

parcel 소포
air mail 항공우편

**I prefer express mail to priority mail.**
우선 취급 우편보다 속달이 더 나아요.

prefer 선호하다
express mail 속달
priority mail 우선 취급 우편

**Check It Out!**  낭독하기 ☐☐☐☐ ☐☐☐☐
암송하기 ☐☐☐☐ ☐☐☐☐

**알아두세요.**
소포를 보내는 다양한 방법입니다.
air mail 항공 우편–비행기로 발송
surface mail 선박 우편–배로 발송
express mail 속달
overnight express mail 다음날 아침까지 배달되는 당일 속달 우편
priority mail 우선 취급 우편–12온스 이상의 제 1종 우편물을 우선 취급하여 발송하는 것

## 해석하고 따라 쓰기

눈으로만 보면 안 돼요. 우리말 해석을 쓰고 영어 문장을 따라 쓰세요.

1  Do you sell boxes here?

▶ 우체국이나 상점에서 사용하는 Do you sell ~?은 Do you have ~?와 같은 뜻이에요.

2  What is the cheapest way to send this?

▶ cheap은 '저렴한'인데, 여기에 -er을 붙이면 '더 저렴한'의 뜻이 되고요, -est를 붙이면 '가장 저렴한'의 의미가 됩니다. way는 '길'이 아니라 '방법'의 의미가 있다는 것, 꼭 알아두세요.

3  It has some fragile items.

▶ 안에 깨지기 쉬운 물건이 들어 있을 때는 반드시 이 말을 해 줘야 합니다. 우편물에 따라 깨지기 쉬운 건 받지 않는 경우도 있기 때문이죠.

4  I marked "Perishable" on the package.

▶ perishable은 특히 식품을 소포로 보낼 때 쓰입니다.

5  I want to send this parcel by air mail.

▶ by는 여러 뜻이 있지만, 여기서는 '수단'의 의미로 '~로, ~를 이용해'의 뜻입니다.

6  I prefer express mail to priority mail.

▶ express mail(속달)은 1-3일 이내에 배달되는 우편으로 그 날짜 안에 배달이 안 되면 환불 받을 수 있어요. 반면에 priority mail(우선 취급 우편)은 3일 이내에 배달이 안 되어도 환불이 보장되지 않아요.

주어진 표현에 어구만 바꿔서 문장을 써 보세요.

1 **Do you sell ~ here?** 여기에서 ~를 팔아요?

stamps (우표들) / envelopes (봉투들)

2 **What is the cheapest way to ~?** ~하는 가장 저렴한 방법이 뭐예요?

to reach Iceland from the UK (영국에서 아이슬란드에 도착하다) / learn foreign languages (외국어를 배우다)

3 **It has some fragile ~.** 그것은 깨지기 쉬운 ~가 있어요.

objects (물건들) / parts (부품들)

4 **I marked ~ on the package.** 소포에다 ~라고 표시했어요.

Fragile (깨지기 쉬운) / Confidential (기밀인)

5 **I want to send this parcel by ~.** 이 소포를 ~로 보내고 싶어요.

registered mail (등기 우편) / overnight mail (익일 우편)

6 **I prefer ... to ~.** 난 ~보다 …를 선호해요.

email–handwritten letters (이메일–손으로 쓴 편지) /
postcards–the company letterhead (엽서들–회사 편지지)

## 확장 응용하기

옆 페이지에 쓴 문장을 다음에 나온 표현에 맞게 다시 쓰세요.

1  **Do they sell ~ there?** 그들은 거기에서 ~를 파나요?

▶ 주어가 2인칭에서 3인칭 복수로, 가까운 곳을 가리키는 here가 먼 곳을 가리키는 there로 바뀌었어요.

2  **Which is the cheapest way to ~?** ~하는 가장 저렴한 방법이 어떤 거예요?

▶ what은 한정된 범위가 없는 상태에서 선택할 때, which는 주어진 옵션 내에서 선택할 때 써요. 위의 문장처럼 말할 때는 몇 가지 제안이 들어왔는데 그 중에서 어떤 것인지 골라야 할 때입니다.

3  **It includes some fragile ~.** 그것은 깨지기 쉬운 ~를 포함하고 있어요.

▶ 안에 어떤 물건이 담겨 있을 때엔 have 대신 include(포함하다) 동사를 사용할 수 있어요.

4  **Mark ~ on the package.** 소포에 ~라고 표시하세요.

▶ 우체국 직원에게서 들을 수 있는 표현입니다. 영어에서 명령문은 동사를 맨 앞에 두는 걸로 시작합니다.

5  **I would like to send this parcel by ~.** 이 소포를 ~로 보내고 싶어요.

▶ would like to는 want to와 같은 의미이지만 듣는 사람에게 훨씬 격식을 갖춰 말하는 듯한 느낌을 줘요.

6  **I don't prefer ... to ~.** 난 ~보다 …를 선호하지 않아요.

▶ 현재시제 긍정문을 현재시제 부정문으로 만듭니다. 일반동사의 부정문은 시제에 따라 don't/doesn't, didn't를 동사원형 앞에 놓아 만들어요.

UNIT 31

## UNIT 32 우체국에서 2
### At the Post Office 2

미옐린층 만들기 — 큰소리로 낭독하고 외우면 영어 고속도로(미옐린층)가 생겨요!

**I want a book of stamps.**
우표 한 묶음 주세요.

a book of stamps 우표 한 세트

**I'd like to mail this package to London.**
런던으로 이 소포 부치고 싶어요.

would like to+동사원형 ~하고 싶다
mail 우편으로 보내다

**Place it on the scale.**
그거 저울에 올려 놓으세요.

place A on B A를 B 위에 놓다
scale 저울

**I already filled out the form.**
이미 양식은 작성했어요.

already 이미
fill out (서류, 서식을) 작성하다
form (서류) 양식

**What should I do if I lost the tracking number?**
조회 번호를 잃어 버리면 어떻게 해야 해요?

lose 잃어버리다
tracking number 추적 번호, 조회 번호

**I forgot to put a stamp on the envelope.**
봉투에 우표 붙이는 걸 잊었어요.

forget to+동사원형 ~해야 하는 걸 잊다
put a stamp on ~ ~에 우표를 붙이다
envelope 봉투

**Check It Out!** 낭독하기 ☐☐☐☐☐ ☐☐☐☐☐
암송하기 ☐☐☐☐☐ ☐☐☐☐☐

**알아두세요.**
forget 동사 뒤에 〈to+동사원형〉이 오는 경우와 〈동사-ing〉가 오는 경우가 있어요. 이때 뜻이 달라지는데요, 〈to+동사원형〉이 올 때는 '해야 할 일이 있는데 깜박하고 안 하다'의 뜻이고요, 〈동사-ing〉가 올 때는 '과거에 어떤 행위를 했던 걸 잊다'의 뜻이에요.
e.g. I forgot to call you. 너한테 전화한다는 걸 깜박 잊었어.
　　 I forgot calling you. 너한테 전화했다는 걸 잊어 버렸어.

## 해석하고 따라 쓰기

눈으로만 보면 안 돼요. 우리말 해석을 쓰고 영어 문장을 따라 쓰세요.

1. I want a book of stamps.

   ▶ book은 '책'의 뜻 외에 '묶음', 우표나 티켓의 '다발'을 가리키기도 합니다.

2. I'd like to mail this package to London.

   ▶ mail A to B는 '우편으로 A를 B쪽으로 보내다'의 뜻이에요.

3. Place it on the scale.

4. I already filled out the form.

   ▶ already는 항상 과거시제와 함께 쓰이는 것에 주의하세요.

5. What should I do if I lost the tracking number?

   ▶ tracking number는 우체국에서 발부하는 영수증에 적혀 있는 우편물 추적 번호를 가리켜요.

6. I forgot to put a stamp on the envelope.

## 응용하기

주어진 표현에 어구만 바꿔서 문장을 써 보세요.

듀기 & 말하기

**1  I want ~ stamps.** 우표 ~를 원해요.

a sheet of (전지 한 장) / a roll of (한 통)

---

**2  I'd like to mail this package to ~.** 이 소포를 ~로 보내고 싶어요.

Paris (파리) / Hawaii (하와이)

---

**3  Place it on ~.** 그것을 ~ 위에 놓으세요.

the table (탁자) / the desk (책상)

---

**4  I already filled out ~.** 이미 ~를 작성했어요.

the departure card (출국 카드) / an application (신청서)

---

**5  What should I do if I lost ~?** ~를 잃어버리면 어떻게 해야 해요?

this opportunity (이 기회) / my mobile phone (제 핸드폰)

---

**6  I forgot to ~.** ~해야 하는 걸 잊었어요.

attach the file (파일을 첨부하다) / bring my ID card (내 신분증을 가져오다)

## 확장 응용하기

옆 페이지에 쓴 문장을 다음에 나온 표현에 맞게 다시 쓰세요.

▶ 그녀의 상태에서 나의 상태를 말하는 문장으로 바꿉니다. her 역시 my로 바꿔 주는 센스!

**1 I have wanted ~ stamps.** (예전부터) 우표 ~를 원했어요.

_____

▶ 지금 현재에 그러는 게 아니라 예전부터 지금까지 쭉 그랬다는 걸 표현할 때는 〈have+과거분사〉의 형태를 씁니다.

**2 Could you mail this package to ~?** 이 소포를 ~로 보내주시겠어요?

_____

▶ 상대방에게 내가 원하는 바를 정중하게 표현하고 있어요. I'd like to ~나 Could you ~나 정중함에 있어서는 서로 비슷비슷해요.

**3 Would you mind placing it on ~?** 그것을 ~ 위에 올려 주시겠어요?

_____

▶ 〈Would you mind+동사-ing〉는 '~해 주시겠어요?'라고 상대방에게 부탁하는, 극도로 정중한 표현이에요.

**4 I haven't filled out ~ yet.** 저 아직 ~을 작성하지 않았어요.

_____

▶ 〈haven't+과거분사 ~ yet〉은 아직 끝내지 않은 어떤 행위를 나타낼 때 자주 쓰는 패턴이에요.

**5 I don't know what I'd do if I lost ~.** ~를 잃어버리면 뭘 해야 할지 모르겠어요.

_____

▶ What should I do 표현을 I don't know what I'd do로 바꿔 말하는 연습을 해 보세요.

**6 I remembered to ~.** ~해야 하는 걸 기억했어요.

_____

▶ forget의 반의어는 remember(기억하다)예요. forget과 용법이 같으니 꼭 알아두세요.

## UNIT 33

# 바에서 1
## At the Bar 1

**미엘린층 만들기** 큰소리로 낭독하고 외우면 영어 고속도로(미엘린층)가 생겨요!

**I'm being served.**
이미 주문했어요.

- be served 서빙을 받다

**I'd like to have a glass of red wine.**
레드 와인 한 잔 주세요.

- a glass of ~ ~ 한 잔
- red wine 레드 와인

**What kind of whiskey do you have?**
위스키는 어떤 종류가 있나요?

- What kind of ~ 무슨 종류의 ~
- whiskey 위스키

**Let's go bar hopping.**
2, 3차 갑시다.

- bar hopping 술집 여러 곳을 돌아다니며 술 마시기

**The beer tastes stale.**
맥주가 김 빠진 맛이에요.

- taste ~한 맛이 나다
- stale 오래된, 김이 빠진

**To make a bomb drink, drop that shot glass into the beer.**
폭탄주를 만들려면 맥주 속에 그 위스키 잔을 떨어뜨리세요.

- bomb drink 폭탄주
- drop 아래로 떨어뜨리다
- shot glass 작은 유리잔

**Check It Out!** 낭독하기 ☐☐☐☐☐ ☐☐☐☐☐
암송하기 ☐☐☐☐☐ ☐☐☐☐☐

**알아두세요.**
I'm being served.는 직역하면 '저는 현재 서빙을 받고 있어요'예요. 이건 주문을 해서 서버가 오고 그랬다는 의미이므로, '이미 주문했어요'의 뜻이 됩니다.

## 해석하고 따라 쓰기

눈으로만 보면 안 돼요. 우리말 해석을 쓰고 영어 문장을 따라 쓰세요.

1  I'm being served.

2  I'd like to have a glass of red wine.

▶ have 뒤에 음식이 오면 '먹다', 음료수가 오면 '마시다'로 해석하세요.

3  What kind of whiskey do you have?

4  Let's go bar hopping.

▶ hop은 '깡총깡총 뛰다'의 뜻 외에 '연속적으로 ~하고 다니다'의 뜻도 있어요. 그래서 bar hopping은 연속적으로 바를 여기저기 돌아다닌 것을 뜻하는 말이지요. 우리말로 하면 '2차, 3차'의 의미가 되겠네요.

5  The beer tastes stale.

▶ stale이 beer와 함께 쓰이면 톡 쏘는 맛이 없이 '김이 샌'의 의미가 됩니다. 맥주가 김이 새면 맛이 없겠죠?

6  To make a bomb drink, drop that shot glass into the beer.

▶ ⟨drop A into B⟩는 'A를 B 속으로 떨어뜨리다'의 뜻이에요.

## 응용하기

주어진 표현에 어구만 바꿔서 문장을 써 보세요.

듣기 & 말하기

1. **I'm being ~.** 난 ~하고 있어요.

    helped (도움 받는) / overlooked (무시를 당하는)

2. **I'd like to have a glass of ~.** ~ 한 잔 주세요.

    vodka (보드카) / draft beer (생맥주)

3. **What kind of ~ do you have?** 어떤 종류의 ~가 있나요?

    champagne (샴페인) / wine (와인)

4. **Let's go ~.** ~하러 갑시다

    skiing (스키 타는 것) / swimming in the river (강에서 수영하는 것)

5. **The beer tastes ~.** 맥주가 ~한 맛이 나요.

    terrible (형편없는) / great (끝내 주는)

6. **To make a bomb drink, ~.** 폭탄주를 만들려면, ~.

    prepare beer and whiskey (맥주와 위스키를 준비하다) /
    fill your shot glass and drop it into beer (위스키 잔을 채워서 맥주 속에 떨어뜨리다)

## 확장 응용하기

옆 페이지에 쓴 문장을 다음에 나온 표현에 맞게 다시 쓰세요.

**1  I feel like I'm being ~.**  제가 ~하고 있는 듯한 기분이에요.

▶ I feel like는 '내가 ~하는 듯한 기분이 든다'로 뒤에 〈주어+동사〉가 나옵니다.

**2  Why don't you have a glass of ~?**  ~ 한 잔 하는 거 어때요?

▶ 〈Why don't you+동사원형 ~?〉은 '~하는 게 어때?'로 제안의 표현이에요. '넌 왜 ~ 한 잔 하지 않니?'라고 해석하지 않도록 하세요.

**3  What kind of ~ do you recommend?**  어떤 종류의 ~를 추천하세요?

▶ 와인 소믈리에가 있는 이유가 바로 이렇게 음식과 고객에게 가장 잘 어울리는 와인을 소개하기 위해서죠. 어떤 것을 골라야 할지 잘 모를 때는 전문가의 의견을 따르는 것이 가장 좋습니다. 그때 쓰기 좋은 표현이죠.

**4  Let's not go ~.**  ~하러 가지 맙시다.

▶ 〈Let's+동사원형 ~〉의 부정문은 Let's 뒤에 not을 놓아서 만듭니다. Don't let's가 아닌 것에 주의하세요.

**5  The beer tasted ~.**  맥주가 ~한 맛이 났어요.

▶ 현재시제 문장을 과거시제로 바꾸어 표현합니다.

**6  If you want to make a bomb drink, ~.**  폭탄주를 제조하고 싶다면, ~.

▶ 〈To+동사원형〉은 '~하기 위해서'의 '목적'의 의미도, '~한다면/~이라면'의 '조건'의 의미도 있습니다. 조건의 의미일 때는 〈If+주어+동사 ~〉의 형태로 바꿔 말할 수 있어요.

UNIT 33

# UNIT 34 바에서 2
## At the Bar 2

**미엘린층 만들기** 큰소리로 낭독하고 외우면 영어 고속도로(미엘린층)가 생겨요!

---

**Cheers! To our friendship!**
건배! 우리 우정을 위하여!

Cheers 건배
friendship 우정

**Can I have a sip of that?**
그거 한 모금 마셔 봐도 되나요?

have a sip 홀짝거리다, 한 모금 먹다

**This cocktail is too strong.**
이 칵테일은 너무 진해요.

strong 농도가 진한, 강한

**What do you think is good for a hangover?**
숙취에 뭐가 좋다고 생각하세요?

be good for ~ ~에 좋다
hangover 숙취

**I completely blacked out.**
저 완전히 필름이 끊겼어요.

completely 완전히
black out 필름이 끊기다

**I'm not alcoholic but I certainly love to drink.**
전 알코올 중독은 아니지만 확실히 술 마시는 건 아주 좋아해요.

alcoholic 알코올 중독인
certainly 확실히
love to+동사원형 ~하는 걸 아주 좋아하다

---

**Check It Out!**  낭독하기 ☐☐☐☐☐  ☐☐☐☐☐
암송하기 ☐☐☐☐☐  ☐☐☐☐☐

**알아두세요.**
1. 건배사로 '~을 위하여'라고 할 때 '~을 위하여' 때문에 **for**를 쓰는 분들이 많아요. 하지만, 이때는 for가 아니라 **to**를 써야 한다는 점, 꼭 알아두세요.
2. 술을 많이 마셔서 '필름이 끊겼다'라는 의미로 I cut the film. 혹은 The film was cut.이라고 하면 외국인들 아무도 못 알아듣습니다. 반드시 **black out**이라고 해야 해요.

## 해석하고 따라 쓰기

눈으로만 보면 안 돼요. 우리말 해석을 쓰고 영어 문장을 따라 쓰세요.

1. Cheers! To our friendship!

2. Can I have a sip of that?

   ▶ 한 모금 마시는 것은 have a sip, 한입 먹는 것은 have a bite(한입 베어 물다)라고 해요.

3. This cocktail is too strong.

   ▶ strong을 '강한, 튼튼한'의 의미로만 생각하면 이 문장, 절대 해석 못합니다. 반대로 weak은 '연한'의 뜻이에요.

4. What do you think is good for a hangover?

   ▶ 이 문장은 Do you think?와 What is good for a hangover?가 하나로 합쳐진 문장이에요.

5. I completely blacked out.

   ▶ black out은 동사로는 '잠시 정신을 잃다'란 뜻이고 명사로는 '정전'의 의미예요.

6. I am not alcoholic but I certainly love to drink.

   ▶ 명사에 (a)holic을 붙이면 '~에 대해 중독인'의 뜻이 돼요.
   e.g. workaholic 일 중독인 chocoholic 초콜릿 중독인

UNIT 34

# 응용하기

주어진 표현에 어구만 바꿔서 문장을 써 보세요.

듣기 & 말하기

### 1  Cheers! To our ~! 건배! 우리의 ~을 위하여!
love (사랑) / success (성공)

### 2  Can I ~? 제가 ~해도 될까요?
have a bite (한입 먹어 보다) / have a look at your notes (노트한 것을 보다)

### 3  This cocktail is ~. 이 칵테일은 ~예요.
very refreshing (매우 기분 전환이 되는) / subtle (맛이 오묘한)

### 4  What do you think is good for ~? ~에 뭐가 좋다고 생각하세요?
relieving stress (스트레스 풀기) / a sore throat (목 아픈 것)

### 5  I completely ~. 저 완전히 ~.
forgot about that (그것을 잊었다) / misread the situation (상황 파악을 잘못 했다)

### 6  I am not alcoholic but ~. 전 알코올 중독은 아니지만 ~.
I want to stop drinking right now (지금 당장이라도 술을 끊고 싶다) /
I certainly drink too much (확실히 술을 너무 마신다)

## 확장 응용하기

옆 페이지에 쓴 문장을 다음에 나온 표현에 맞게 다시 쓰세요.

**1　Let's make a toast. To our ~!** 건배합시다. 우리의 ~을 위하여!

▶ make a toast는 '건배하다'의 뜻으로 '건배합시다'라고 할 때는 Let's make a toast!라고 합니다.

**2　Let me ~.** 제가 ~할게요.

▶ 〈Let me+동사원형〉은 직역하면 '제가 ~하게 해 주세요'로 '제가 ~하겠습니다'의 의지를 나타냅니다.

**3　Don't you think this cocktail is ~?** 이 칵테일이 ~라는 생각 안 들어요?

▶ 문장 앞에 Don't you think를 놓으면 '~라는 생각 안 들어요?'라는 의미를 더할 수 있어요.

**4　What would you recommend for ~?** ~에 뭘 추천하시겠어요?

▶ recommend는 '추천하다'의 뜻으로 이렇게도 표현할 수 있어요.

**5　I'm afraid (that) I completely ~.** 저 완전히 ~했나 봐요.

▶ 안 좋은 얘기를 전할 때 원어민들은 이렇게 I'm afraid라고 먼저 말한 다음 말을 이어갑니다.

**6　I am not addicted to alcohol but ~.** 전 술에 중독되지는 않았지만 ~.

▶ be alcoholic(알코올 중독이다)은 be addicted to alcohol(술에 중독되다)과 같은 뜻이에요.

UNIT 34

## UNIT 35 세탁소에서
### At the Dry Cleaner's

**미엘린층 만들기** 큰소리로 낭독하고 외우면 영어 고속도로(미엘린층)가 생겨요!

**When can I pick it up?**
언제 가지러 가면 될까요?

pick up (맡겨 두었던 걸) 가지러 가다

**It has a stain on the sleeve.**
소매에 얼룩이 있어요.

stain 얼룩   sleeve 소매

**I'd like to have this shirt dry-cleaned.**
이 셔츠 드라이 클리닝해 주세요.

would like to+동사원형 ~하고 싶다
have+A+과거분사 A를 ~한 상태로 만들다
dry-clean 드라이 클리닝하다

**It should be ready by Friday.**
금요일까지는 준비될 거예요.

should ~일 것이다   ready 준비된
by Friday 금요일까지

**The top button is missing.**
맨 위 단추가 사라졌어요.

top 맨 위의   button 단추
missing 없어진

**I'm in a rush.**
급해요.

in a rush 급한

**Check It Out!**  낭독하기  암송하기

### 알아두세요.
1. ⟨have+A+과거분사⟩는 'A가 ~한 상태가 되게 만들다'입니다. 우리가 직접 드라이 클리닝을 할 수 없으니까 세탁소 주인에게 맡기는 거죠. 그렇게 직접 하는 게 아니라 '(다른 사람을 시켜서) 뭔가가 어떤 상태가 되게 하는 걸 ⟨have+A+과거분사⟩로 표현합니다.
2. should는 '~해야 한다'의 뜻 외에 예상이나 추측을 나타내 '~일 것이다'의 뜻으로도 쓰여요.

**해석하고 따라 쓰기** 눈으로만 보면 안 돼요. 우리말 해석을 쓰고 영어 문장을 따라 쓰세요.

1  When can I pick it up?

▶ pick up은 '사람을 데리러 오다'와 '물건을 가지러 오다'의 뜻으로 쓰여요.
반대말 drop off는 '사람을 데려다 주다'와 '물건을 갖다 놓다'의 뜻이지요.

2  It has a stain on the sleeve.

▶ 얼룩은 섬유(fabric) 표면에 묻는 것이므로 전치사 on(~ 위에)을 사용해요.

3  I'd like to have this shirt dry-cleaned.

4  It should be ready by Friday.

▶ 세탁소 주인이 할 수 있는 얘기네요. ⟨by+날짜, 요일, 시간⟩은 '~까지'로 기한을 가리켜요.

5  The top button is missing.

▶ '~이 사라졌다'고 할 때 동사 miss를 쓰는 것에 주의하세요. 단추가 떨어지면 달아야겠죠?
그래서 '단추를 달다'는 ⟨sew a button on+옷⟩으로 표현해요.

6  I'm in a rush.

▶ in a rush는 '급하게' 혹은 '허겁지겁'이란 뜻이에요.

UNIT 35

## 응용하기

주어진 표현에 어구만 바꿔서 문장을 써 보세요.

듣기 & 말하기

**1  When can I ~?** 언제 ~할 수 있을까요?

　　　　　　　　　　　　drop it off (그것을 맡기러 오다) / visit you (당신을 방문하다)

---

**2  It has a stain on ~.** ~에 얼룩이 있어요.

　　　　　　　　　　　　the collar (깃) / the front (앞)

---

**3  I'd like to have this shirt ~.** 이 셔츠 ~해 주세요.

　　　　　　　　　　　　ironed (다림질 된) / starched (풀 먹여진)

---

**4  It should be ready by ~.** ~까지 준비될 거예요.

　　　　　　　　　　　　tomorrow (내일) / next Monday (다음 주 월요일)

---

**5  ~ is missing.** ~가 없어졌어요.

　　　　　　　　　　　　The zipper (지퍼) / One hook (고리 하나)

---

**6  I'm in ~.** 전 ~한 상태예요.

　　　　　　　　　　　　a hurry (급함/서두름) / pain (고통)

## 확장 응용하기

옆 페이지에 쓴 문장을 다음에 나온 표현에 맞게 다시 쓰세요.

**1  When should I ~?**  언제 ~해야 하나요?

▶ should는 '~해야 한다'의 가벼운 의무를 나타내요.

**2  It had a stain on ~.**  ~에 얼룩이 있었어요.

▶ 현재시제에서 과거시제로 말해 보세요. has, have의 과거형은 had고요, 과거에 있었던 사실만을 전하며, 현재와는 상관없음을 나타냅니다.

**3  Would you like to have this shirt ~?**  이 셔츠 ~해 드려요?

▶ 〈Would you like to+동사원형 ~?〉은 '~하기를 원하십니까?' 즉, '~해 드릴까요?'의 의미입니다.

**4  It must be ready by ~.**  ~까지 준비되어야만 합니다.

▶ must는 반드시 해야 하는 강한 의무를 나타냅니다. should가 해도 좋고 안 해도 그다지 문제 안 되는 사항을 말한다면 must는 꼭 해야 하는 강압적인 느낌을 전하지요.

**5  ~ came off.**  ~가 (원래 있던 자리에서) 떨어졌어요.

▶ 옷의 부품이 없어졌다는 건 원래 있던 자리에서 떨어져 나갔다는 의미예요. 그래서 위의 문장으로도 같은 뜻을 나타낼 수 있어요. come off는 '~가 떨어져 나가다'란 뜻이에요.

**6  Are you in ~?**  당신은 ~한 상태인가요? (당신 ~한가요?)

▶ 나를 설명하는 문장에서 상대방의 상태에 관해 물어보는 문장으로 훈련합니다.

UNIT 35

# REVIEW UNIT 31-35

**확인학습** 다음 우리말 문장을 영어로 쓰세요.

1 이걸 보내는 가장 저렴한 방법이 뭐예요?

   ▶ _____

2 폭탄주를 만들려면 맥주 속에 그 위스키 잔을 떨어뜨리세요.

   ▶ _____

3 깨지기 쉬운 물건들이 들어 있어요.

   ▶ _____

4 맥주가 김 빠진 맛이에요.

   ▶ _____

5 이 소포를 항공우편으로 보내고 싶어요.

   ▶ _____

6 건배! 우리의 우정을 위하여!

   ▶ _____

7 우선 취급 우편보다 속달이 더 나아요.

   ▶ _____

8 이 칵테일은 너무 진해요.

   ▶ _____

9 그거 저울에 올려 놓으세요.

   ▶ _____

10 숙취에 뭐가 좋다고 생각하세요?

   ▶ _____

11  이미 양식은 작성했어요.
   ▶ _____

12  저 완전히 필름이 끊겼어요.
   ▶ _____

13  조회 번호를 잃어 버리면 어떻게 해야 해요?
   ▶ _____

14  소매에 얼룩이 있어요.
   ▶ _____

15  봉투에 우표 붙이는 걸 잊었어요.
   ▶ _____

16  이 셔츠 드라이 클리닝해 주세요.
   ▶ _____

17  저 급해요.
   ▶ _____

18  맨 위 단추가 사라졌어요.
   ▶ _____

19  2, 3차 갑시다.
   ▶ _____

20  언제 가지러 가면 될까요?
   ▶ _____

## UNIT 36 빨래방에서
### At the Laundromat

**미엘린층 만들기** 큰소리로 낭독하고 외우면 영어 고속도로(미엘린층)가 생겨요!

**The Laundromat is down the street.**
빨래방은 길 아래에 있어요.

Laundromat 빨래방
down the street 길 아래에

**Insert coins in the slot.**
구멍에 동전을 넣으세요.

insert 삽입하다　coin 동전
slot 가느다란 구멍

**It looks like my laundry is done.**
세탁이 다 된 것 같네요.

It looks like+문장 ~인 것 같다
laundry 세탁
be done 끝나다

**Put in the right amount of detergent.**
적당량의 세제를 넣으세요.

put 넣다, 놓다　right 적절한, 적당한
amount of ~의 양
detergent 세제

**You need to sort clothes by color.**
색깔 별로 옷을 분류해야 해요.

need to+동사원형 ~해야 한다
sort 분류하다　clothes 옷
by color 색깔 별로

**Usually I fold clothes as soon as they are done drying.**
전 보통 건조가 완료되자마자 옷을 개요.

usually 대개　fold (옷가지를) 개다
as soon as+문장 ~하자마자
dry 말리다, 건조되다

**Check It Out!**　낭독하기　암송하기

**알아두세요.**
Laundromat은 상표명으로 '자동세탁 건조기'의 의미도 있고요, 동전을 넣고 빨래를 돌릴 수 있는 '빨래방'의 뜻도 있어요. '빨래방'의 의미로 쓰일 때는 launderette, coin laundry와 같은 의미입니다.

## 해석하고 따라 쓰기

눈으로만 보면 안 돼요. 우리말 해석을 쓰고 영어 문장을 따라 쓰세요.

1  The Laundromat is down the street.

2  Insert coins in the slot.

▶ 일반적으로 말하는 '구멍'은 hole이라고 해요. slot은 가늘고 긴 '동전 구멍'을 가리키고요, 깨져서 금이 가 생긴 구멍은 crack이라고 합니다.

3  It looks like my laundry is done.

▶ look like 뒤에는 an angel처럼 단어가 올 수도 있고, 위의 표현처럼 문장이 올 수도 있어요.

4  Put in the right amount of detergent.

▶ ⟨the amount of+물질⟩은 '물질의 양'이지만 ⟨an amount of+물질⟩은 '많은 물질'의 뜻이에요.

5  You need to sort clothes by color.

▶ sort ~ by color는 '색으로 ~을 분류하다'란 뜻이에요. 참고로 separate white clothes from colored clothes(흰색 옷과 색깔 옷을 분류하다)와 같은 표현을 함께 알아두세요.

6  Usually I fold clothes as soon as they are done drying.

▶ usually는 주로 현재시제와 함께 쓰여서 현재 습관처럼 하고 있는 걸 강조합니다.

## 응용하기

주어진 표현에 어구만 바꿔서 문장을 써 보세요.

듣기 & 말하기

1. **The Laundromat is ~.** 빨래방은 ~예요/~ 있어요.
   closed (문을 닫은) / a couple of blocks away (몇 블록 떨어진)

2. **Insert coins into ~.** ~에 동전을 넣으세요.
   a piggy bank (돼지 저금통) / a vending machine (자판기)

3. **It looks like ~.** ~인 것 같네요.
   the clothes came out clean (옷이 깨끗하게 나왔다) /
   the washing machine is filled to the brim (세탁기가 넘치도록 차 있다)

4. **Put in the right amount of ~.** 적당량의 ~를 넣으세요.
   fabric softener (섬유 유연제) / bleach (표백제)

5. **You need to ~.** ~해야 해요.
   separate white clothes from colored clothes (흰옷과 색깔 옷을 분리하다) /
   have your washing machine repaired (세탁기를 수리 받다)

6. **Usually I fold clothes ~.** 난 대개 ~ 옷을 개어요.
   in the bedroom (침실에서) / straight out of the dryer (건조기에서 빼서 곧장)

## 확장 응용하기

옆 페이지에 쓴 문장을 다음에 나온 표현에 맞게 다시 쓰세요.

**1  The Laundromat used to be ~.** 빨래방은 ~이곤 했어요/~ 있곤 했어요.

▶ 〈used to+동사원형〉은 현재는 더 이상 하지 않는 행위나 상태를 나타낼 때 씁니다.

**2  Would you please insert coins into ~?** ~에 동전을 넣어 주시겠어요?

▶ 사실 이렇게 동사부터 삐쭉 말하는 명령문은 귀에 상당히 거슬립니다. 어차피 하는 말, 위의 문장처럼 기분 좋고 공손하게 말하면 좋겠죠?

**3  I'm sure that ~.** ~가 확실해요.

▶ It looks like는 보이는 사실에 대한 추측을 나타내고, I'm sure that은 that 다음에 오는 내용을 확신할 때 사용해요.

**4  I want you to put in the right amount of ~.** 적당량의 ~를 넣어 주시면 좋겠어요.

▶ 〈want A+to+동사원형〉은 'A가 ~해 주기를 바라다'예요. 이것도 '~해 달라'는 명령의 의미로 부드럽게 표현하고 있어요.

**5  You don't need to ~.** ~할 필요 없어요.

▶ need to의 부정형 don't need to는 '~할 필요가 없다, ~하지 않아도 된다'의 의미입니다.

**6  Usually she folds clothes ~.** 그녀는 대개 ~ 옷을 개어요.

▶ 주어가 1인칭 I에서 3인칭 단수인 she로 바뀌면서 동사도 fold에서 folds가 되었습니다. 머리로는 알고 있지만 말로는 쉽게 나오지 않으므로 꼭 연습해 주세요.

UNIT 36

# UNIT 37 은행에서 1
## At the Bank 1

**미옐린층 만들기** 큰소리로 낭독하고 외우면 영어 고속도로(미옐린층)가 생겨요!

**I'd like to open an account.**
계좌를 개설하고 싶은데요.

open an account 계좌를 개설하다

**I'd like to deposit 100 dollars.**
100달러 입금하고 싶어요.

deposit 입금하다

**Do you want a large bill or small bills?**
100달러짜리 지폐 한 장 드릴까요, 작은 액수의 지폐들로 드릴까요?

large bill 액수가 큰 지폐
small bill 액수가 작은 지폐

**Is it possible to withdraw 100 dollars in one-dollar bills?**
1달러 지폐로 100달러를 인출할 수 있을까요?

possible 가능한
withdraw 인출하다

**How can I withdraw 50-dollar bills from the ATM?**
자동현금인출기에서 50달러짜리 지폐 어떻게 인출할 수 있나요?

ATM 자동현금인출기

**I need to change this traveler's check into dollars.**
이 여행자 수표를 달러로 환전해야 해요.

change A into B A를 B로 바꾸다
traveler's check 여행자 수표

**Check It Out!**
낭독하기 ☐☐☐☐☐ ☐☐☐☐☐
암송하기 ☐☐☐☐☐ ☐☐☐☐☐

**알아두세요.**
1. ATM은 Automatic Teller Machine의 약자입니다.
2. Traveler's check은 여행자가 가지고 다니면서 쓰는 자기앞수표와 같은 거예요. 현금을 주고 매입할 때 서명을 해서 쓰기 때문에 다른 사람이 사용하거나 위조할 수 없게 되어 있습니다.

## 해석하고 따라 쓰기

눈으로만 보면 안 돼요. 우리말 해석을 쓰고 영어 문장을 따라 쓰세요.

1  I'd like to open an account.

▶ account가 은행에서는 '계좌'지만, 이메일 관련해서는 '계정'의 의미로 쓰입니다.

2  I'd like to deposit 100 dollars.

▶ deposit이 명사로 쓰이면 '착수금, 보증금'의 의미가 됩니다.

3  Do you want a large bill or small bills?

▶ large bill(고액권)은 흔히 100달러 지폐를 가리키고 small bill(소액권)은 20달러 지폐를 가리켜요.

4  Is it possible to withdraw 100 dollars in one-dollar bills?

▶ ⟨withdraw+금액+in 화폐 단위(bills, coins, etc.)⟩는 '금액을 ~ 지폐들/동전들로 인출하다'의 뜻이에요.

5  How can I withdraw 50-dollar bills from ATM?

6  I need to change this traveler's check into dollars.

▶ ⟨change+A 화폐 단위+into+B 화폐 단위⟩는 'A를 B로 환전하다'의 의미입니다.

UNIT 37

## 응용하기

주어진 표현에 어구만 바꿔서 문장을 써 보세요.

듣기 & 말하기

1. **I'd like to open ~.** ~ 개설하고 싶어요.
   a checking account (당좌 예금 계좌) / a savings account (적금 계좌)

2. **I'd like to deposit ~.** ~ 입금하고 싶어요.
   this check into my savings account (이 수표를 제 적금 계좌에) /
   a jar of coins into my account (병에 모아둔 동전들을 제 계좌에)

3. **Do you want ~?** ~로 드릴까요?
   dollars or pesos (달러나 페소화) / cash or a check (현금이나 수표 한 장)

4. **Is it possible to withdraw ~?** ~ 인출이 가능한가요?
   money at any time (아무 때고 돈) / cash without a card (카드 없이 현금)

5. **How can I withdraw ~?** 어떻게 ~ 인출할 수 있나요?
   money from PayPal (페이팔에서 돈) / cash from any bank by check (수표로 아무 은행에서나 현금)

6. **I need to change ~ into ....** ~를 …로 환전해야 해요.
   won–dollars (원화–달러) / dollars–euros (달러–유로)

## 확장 응용하기

옆 페이지에 쓴 문장을 다음에 나온 표현에 맞게 다시 쓰세요.

**1  What should I do to open ~?**  ~ 개설하려면 어떻게 해야 하나요?

▶ What should I do는 '어떻게 해야 하나요?'의 뜻으로 방법을 물을 때 사용합니다.

**2  I'd like to make a deposit of ~.**  ~ 입금하고 싶어요.

▶ deposit(예금하다)은 make a deposit of와 같은 뜻이에요.

**3  Do you want to get ~?**  ~로 받고 싶으세요?

▶ Do you want ~?로도 표현할 수 있지만, 이렇게 to get을 넣어서도 같은 뜻으로 표현 가능합니다.

**4  Are you sure that it is possible to withdraw ~?**
~ 인출이 가능하다는 게 확실한가요?

▶ be sure that ~은 '~를 확신하다'의 뜻이에요. be동사가 들어 있는 문장을 의문문으로 만들 때는 be동사를 문장 맨 앞에 두면 됩니다.

**5  Do you know how to withdraw ~?**  ~ 인출하는 법 아세요?

▶ 〈how to+동사원형〉은 '~하는 법'의 뜻이에요. 이 패턴은 know(알다), tell(말해 주다), show(보여주다)의 목적어로 자주 쓰입니다.

**6  Do I need to change ~ into …?**  ~를 …로 환전해야 하나요?

▶ 내가 무언가를 하는 게 필요한지 의문점이 날 때는 〈Do I need to+동사원형 ~?〉으로 물어볼 수 있어요.

# UNIT 38 은행에서 2
## At the Bank 2

**미엘린층 만들기** 큰소리로 낭독하고 외우면 영어 고속도로(미엘린층)가 생겨요!

**Can I cash a check?**
수표를 현금으로 바꿀 수 있나요?

cash 현금으로 바꾸다
check 수표

**I signed on the back of the check.**
수표 뒤에 이서했어요.

sign 서명하다
back 뒷면

**I want to check my balance.**
잔고를 확인하고 싶어요.

check 확인하다
balance 잔고

**Can I get my bank statement via e-mail?**
이메일로 은행 거래 내역서를 받아볼 수 있을까요?

bank statement 은행 거래 내역서
via ~를 통하여

**Enter your password.**
비밀번호를 입력하세요.

enter 입력하다
password 비밀번호

**I lost my credit card.**
신용카드를 분실했어요.

lose 잃어버리다
credit card 신용카드

**Check It Out!** 낭독하기 ☐☐☐☐ ☐☐☐☐
암송하기 ☐☐☐☐ ☐☐☐☐

**알아두세요.**
1. 명사로 쓰일 때와 동사로 쓰일 때의 뜻이 다른 단어들이 영어에 꽤 많이 있어요. 여기 문장에서만 **check, sign**이 보입니다. **check**가 명사로 쓰이면 '수표, 계산서', 동사로 쓰이면 '확인하다'의 뜻이에요. **sign**은 명사로 쓰이면 '표지판, 표시', 동사로 쓰이면 '서명하다'의 뜻이지요.
2. 신용카드를 잃어버려도 연계된 은행에 신고할 수 있어요.

## 해석하고 따라 쓰기

눈으로만 보면 안 돼요. 우리말 해석을 쓰고 영어 문장을 따라 쓰세요.

1 Can I cash a check?

▶ cash는 '현금'이란 명사와 '현금으로 바꾸다'란 동사로 쓰여요.

2 I signed on the back of the check.

▶ 수표 뒤에다 이름과 전화번호 등을 쓰는 걸 어려운 말로 '이서하다'라고 합니다. 하지만 영어로는 sign on the back of ~로 간단하게 표현할 수 있어요.

3 I want to check my balance.

▶ balance는 '균형'이란 뜻 외에 '잔액, 잔금'의 뜻이 있어요.

4 Can I get my bank statement via e-mail?

▶ via e-mail 대신 by e-mail이라고도 할 수 있어요.

5 Enter your password.

▶ enter는 '~에 들어가다'의 뜻이지만, 뒤에 password와 함께 쓰이면 '비밀번호를 입력하다'의 의미가 됩니다.

6 I lost my credit card.

▶ credit card 대신 plastic card라고 하기도 합니다.

UNIT 38

## 응용하기

주어진 표현에 어구만 바꿔서 문장을 써 보세요.

듣기 & 말하기

**1 Can I cash ~?** ~를 현금으로 바꿀 수 있나요?

a money order (우편환) / a personal check (개인 수표)

---

**2 I signed on ~.** ~에 서명했어요.

the receipt (영수증) / the dotted line (점선으로 표시된 서명란)

---

**3 I want to check ~.** ~를 확인하고 싶어요.

the record of my payment (지불 기록) / my data usage (내 데이터 사용량)

---

**4 Can I get ~ via e-mail?** 이메일로 ~를 받아 볼 수 있을까요?

my bank details (은행의 세부 내역들) / my account information (내 계좌 정보)

---

**5 ~ your password.** 비밀번호를 ~하세요.

Reset (다시 설정하다) / Change (변경하다)

---

**6 I lost ~.** ~를 분실했어요.

my traveler's check (여행자 수표) / my passport (여권)

## 확장 응용하기

옆 페이지에 쓴 문장을 다음에 나온 표현에 맞게 다시 쓰세요.

1 **How can I cash ~?** ~를 현금으로 어떻게 바꿀 수 있나요?

▶ 방법을 물을 때는 의문사 How(어떻게)를 문장 앞에 놓아 사용해요.

2 **I put my signature on ~.** ~에 서명했어요.

▶ sign(서명하다)은 put[place] one's signature와 같은 뜻이에요.

3 **I want to see ~.** ~를 보고 싶어요.

▶ 우리말에도 '보다'는 눈으로 보는 것 외에 '확인하다'의 뜻이 있습니다.
영어도 그래요. see는 '눈으로 보다'의 뜻 외에 '확인하다, 체크하다'의 의미가 있답니다.

4 **Would you send me ~ by e-mail?** 이메일로 ~를 보내주시겠어요?

▶ 옆 페이지의 문장이 행위의 주체를 나(I)로 내세운 데 반해, 이 문장은 행위의 주체를 you로 내세워 공손하게 요청하고 있습니다. 교통/통신 등의 수단을 나타낼 때엔 전치사 by를 사용할 수도 있습니다.

5 **~ your password right now.** 지금 바로 비밀번호를 ~하세요.

▶ 명령문 뒤에 right now를 쓰면 명령을 듣고 지체하지 말고 바로 하라는 의미입니다.
여기서 right은 '오른쪽'의 뜻이 아니라 '바로'의 의미입니다.

6 **I have lost ~.** ~를 분실했어요. (지금도 분실한 상태예요.)

▶ I lost ~는 '과거에 분실했었다'라는 사실만을 언급해요. 다시 찾았는지 여부는 모르고요. 그런데 〈have+과거분사〉인 I have lost ~ 는 '과거에 분실했는데, 지금도 여전히 그 상태이다'를 의미합니다. 〈have+과거분사〉는 '과거의 행위나 상태가 현재까지 지속되거나 현재와 관련이 있음'을 나타낸다는 것, 꼭 기억하세요.

UNIT 38

# UNIT 39 영화관에서 1
## At the Cinema 1

**미엘린층 만들기** 큰소리로 낭독하고 외우면 영어 고속도로(미엘린층)가 생겨요!

**Two tickets for *Beauty and the Beast* please.**
〈미녀와 야수〉 표 두 장 주세요.

*Beauty and the Beast* 미녀와 야수

**I prefer to sit at the back.**
전 뒤쪽에 앉는 게 더 좋아요.

prefer 선호하다
back 뒤쪽

***Split* is a smash hit.**
〈Split〉은 대 성공작이에요.

smash hit 대 성공작

**All the tickets are sold out.**
전 표가 매진되었어요.

sold out 매진된

**Do you have any seats available?**
남은 좌석이 있나요?

available 사용 가능한

**What's playing tonight?**
오늘 밤 뭐가 상영되나요?

play 상영하다

**Check It Out!**  낭독하기 ☐☐☐ ☐☐☐
  암송하기 ☐☐☐ ☐☐☐

**알아두세요.**
1. prefer는 주로 두 가지 중에서 더 좋아하는 것을 말할 때 '선호하다'의 뜻으로 쓰입니다. 뒤에는 명사가 올 수도 있고, 위의 표현처럼 〈to+동사원형〉이 올 수도 있습니다.
2. available은 사람에게 쓰이면 '시간이 있는'이고, 사물에게 쓰이면 '사용 가능한'의 의미인 것, 꼭 알아두세요.

## 해석하고 따라 쓰기

눈으로만 보면 안 돼요. 우리말 해석을 쓰고 영어 문장을 따라 쓰세요.

1  Two tickets for *Beauty and the Beast* please.

▶ 아주 심플하게 표 몇 장 달라고 표현하고 있어요. Can I have ~?로 표현해도 되지만 이렇게도 표현 가능하니 많이 연습해 두세요. 상영 시간까지 넣어 말하고 싶을 때는 Can I have 2 tickets for the 6 o'clock show of *Beauty and the Beast*?라고 하면 OK.

2  I prefer to sit at the back.

▶ sit at the front/middle/back은 '앞에/중간에/뒤에 앉다'를 나타내요.

3  *Split* is a smash hit.

▶ smash hit은 '대 성공작'이란 뜻의 구어체 표현이에요. smash는 '박살내기' 또는 '충돌'의 뜻인데 대형 충돌이 일어나듯 성공하게 돼서 대성공을 뜻하게 되었어요.

4  All the tickets are sold out.

▶ 사람이 어떤 것을 매진시키는 것이고, 표 입장에서는 매진이 되는 것이기 때문에 be sold out으로 표현합니다.

5  Do you have any seats available?

▶ 이때 available은 left(남은)와 바꿔 쓸 수 있습니다.

6  What's playing tonight?

▶ play는 영화관에서라면 '상영하다', 연극 극장에서라면 '공연하다'의 뜻이 됩니다.

UNIT 39

## 응용하기

주어진 표현에 어구만 바꿔서 문장을 써 보세요.

듣기 & 말하기

**1  Two tickets for ~ please.**  ~ 표 두 장 주세요.
*Ghost in the Shell* (공각기동대) / *The Fast and the Furious* (분노의 질주)

**2  I prefer to sit ~.**  전 ~ 앉는 게 더 좋아요.
at the front (앞쪽에) / at the middle (중간 쪽에)

**3  *Split* is a ~.**  〈Split〉은 ~예요.
box-office hit (대히트작) / complete failure (완전히 실패작)

**4  ~ are sold out.**  ~은 매진됐습니다.
VIP tickets (VIP용 티켓들) / Saturday tickets (토요일 티켓들)

**5  Do you have any ~ available?**  남은 ~가 있나요?
front seats (앞 좌석들) / aisle seats (통로 쪽 좌석들)

**6  What's playing ~?**  ~ 무엇이 상영되고 있나요?
at the Victoria Cinema (빅토리아 극장에서) / at the National Theater (국립극장에서)

## 확장 응용하기

옆 페이지에 쓴 문장을 다음에 나온 표현에 맞게 다시 쓰세요.

1 **May I have two tickets for ~ please?** ~ 표 두 장 주시겠어요?

▶ 옆 페이지 문장보다 좀 더 격식을 갖춰서 말하고 싶다면 I'd like를 붙이세요. 아주 격식체로 말할 때는 May I have ~?를 추천합니다.

2 **I always prefer to sit ~.** 전 늘 ~ 앉는 게 더 좋아요.

▶ 현재시제 자체가 반복적인 행동, 습관의 의미가 있는데, 거기에 always(항상, 늘)를 붙이면 그 의미를 더욱 강조하게 됩니다.

3 ***Split* proved to be a ~.** 〈Split〉은 ~라고 판가름이 났어요.

▶ 〈prove to+동사원형〉은 '~라고 판명되다, 판가름나다'의 뜻이에요.

4 **I heard that ~ were sold out.** ~가 매진됐다고 들었어요.

▶ 상대방에게 직접 듣는 게 아니라 다른 사람에게 들은 내용을 말할 때는 〈I heard that+주어+동사 ~〉 형태를 씁니다.

5 **Are there any ~ available?** 남은 ~가 있나요?

▶ Do you have ~? 대신 Are/Is there ~?로 같은 의미를 나타낼 수 있어요.

6 **Do you know what's playing ~?** ~ 무엇이 상영되고 있는지 아세요?

▶ what's playing ~?가 Do you know의 목적어 자리에 들어갔어요. 이렇게 의문문이 문장 안으로 들어갈 때, 이를 간접의문문이라고 합니다.

# UNIT 40 영화관에서 2
## At the Cinema 2

미엘린층 만들기 — 큰소리로 낭독하고 외우면 영어 고속도로(미엘린층)가 생겨요!

**The box office is located to the right of the front doors.**
매표소는 정문 오른쪽에 있어요.

box office 매표소
be located 위치하다
right 오른쪽    front door 정문

**I'd like a box of buttered popcorn and a Pepsi please.**
버터 얹은 팝콘 하나랑 펩시 콜라 하나 주세요.

buttered 버터 바른

**We'd like to sit in row C, seats 3 and 4.**
C열 3, 4번 좌석에 앉고 싶어요.

row 열    seat 좌석

**How long does it run?**
얼마나 오래 상영되나요?

how long 얼마나 오래
run 상영되다

**Who's the main character in the movie?**
영화 주인공이 누구예요?

character 등장인물
main character 주인공

**Which cinema is showing *50 Shades of Grey*?**
어느 영화관에서 〈그레이의 50개 그림자〉를 상영하나요?

cinema 영화관
show 상영하다

Check It Out!  낭독하기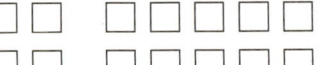
암송하기

**알아두세요.**
소설이나 영화, 연극에서의 '주인공'을 뜻하는 영어 단어들이 많아요. 어떤 게 있는지 알아볼까요?
protagonist (연극·영화·책 속의) 주인공
hero (소설·영화의) 남자 주인공
heroine (소설·영화의) 여자 주인공
main[leading] character 주역

## 해석하고 따라 쓰기

눈으로만 보면 안 돼요. 우리말 해석을 쓰고 영어 문장을 따라 쓰세요.

1 The box office is located to the right of the front doors.

2 I'd like a box of buttered popcorn and a Pepsi please.

▶ a Pepsi는 a can/glass of Pepsi(펩시 콜라 한 캔/한 잔)의 뜻이에요.

3 We'd like to sit in row C, seats 3 and 4.

▶ row(열)가 오면 sit in the front row(앞 열에 앉다)처럼 전치사 in이 쓰여요.

4 How long does it run?

▶ how long은 지속되는 기간이나 시간을 묻는 질문으로 for about 2 hours(약 두 시간 동안)처럼 대답해요.

5 Who's the main character in the movie?

▶ character는 영화나 책 등의 '등장인물' 외에 '성격'의 뜻도 있어요.

6 Which cinema is showing *50 Shades of Grey*?

▶ ⟨show+영화 제목⟩은 '~를 상영하다'의 뜻이에요. cinema는 '영화관'의 의미로, movie theater라고도 합니다.

UNIT 40

## 응용하기

주어진 표현에 어구만 바꿔서 문장을 써 보세요.
듣기 & 말하기

1  **The box-office is located ~.** 매표소는 ~ 위치해 있어요.
   on the first floor (1층에) / in the Opera House (오페라 하우스 내에)

2  **I'd like ~ and ….** ~와 … 주세요.
   a hot dog–a Coke (핫도그 한 개–코카콜라 하나) /
   French Fries–a Mountain Dew (감자 튀김 하나–마운틴듀 하나)

3  **We'd like to sit ~.** ~ 앉고 싶어요.
   in the non-smoking section (금연 구역에) / somewhere up front (앞쪽에)

4  **How long does it ~?** 얼마 동안 ~해요?
   last (지속되다) / take to get there (거기 도착하는 데 시간이 걸리다)

5  **Who ~ in the movie?** 영화에서 누가 ~죠?
   starred (주연했다) / sings that song (저 노래를 부르다)

6  **Which cinema is showing ~?** 어떤 극장에서 ~를 상영하나요?
   the movie (그 영화) / *LaLaLand* (라라랜드)

## 확장 응용하기

옆 페이지에 쓴 문장을 다음에 나온 표현에 맞게 다시 쓰세요.

1 **Is the box-office located ~?** 매표소는 ~에 위치해 있나요?

▶ be동사가 들어간 문장을 의문문으로 바꾸는 훈련을 해 봅니다. 이때는 be동사를 문장 맨 앞으로만 빼주면 간단합니다.

2 **Can I have ~ and … please?** ~와 … 주시겠어요?

▶ Can I have ~?는 '~을 가질 수 있습니까?' 즉, '(식당이나 상점에서) ~을 주시겠어요?'의 의미입니다.

3 **We'll sit ~.** ~ 앉겠습니다.

▶ will이 꼭 미래에 할 행동을 뜻하지만은 않아요. '~하겠다'는 말하는 사람의 의지를 나타내기도 하는데, 여기서는 후자의 의미예요.

4 **How long did it ~?** 얼마나 오래 ~했어요?

▶ 일반동사를 사용하여 과거 사실을 물을 때는 조동사 did를 사용해요.

5 **He ~ in the movie.** 그가 영화에서 ~요.

▶ 옆 페이지에 있는 문장이 정보를 얻기 위해 묻는 의문문이라면 이 문장은 그에 대한 답 문장이에요.

6 **Which cinema has been showing ~ for three months?**
어떤 극장에서 ~를 3개월 째 상영하고 있나요?

▶ 〈have been+동사-ing〉은 과거부터 지금까지 지속되고 있는 행위를 생생하게 강조하듯 말할 때 쓸 수 있습니다. 이때는 주로 기간을 나타내는 표현과 같이 쓰입니다.

# REVIEW UNIT 36-40

확인학습  다음 우리말 문장을 영어로 쓰세요.

1. 구멍에 동전을 넣으세요.

   ▶ _____

2. 비밀번호를 입력하세요.

   ▶ _____

3. 적당량의 세제를 넣으세요.

   ▶ _____

4. 이메일로 은행 거래 내역서를 받아볼 수 있을까요?

   ▶ _____

5. 색깔 별로 옷을 분류해야 해요.

   ▶ _____

6. 전 뒤쪽에 앉는 게 더 좋아요.

   ▶ _____

7. 전 보통 건조가 완료되자마자 옷을 개요.

   ▶ _____

8. 〈Split〉은 대 성공작이에요.

   ▶ _____

9. 계좌를 개설하고 싶은데요.

   ▶ _____

10. 전 표가 매진되었어요.

    ▶ _____

11   100달러짜리 지폐 한 장 드릴까요, 작은 액수의 지폐들로 드릴까요?

▶ _____

12   남은 좌석이 있나요?

▶ _____

13   1달러 지폐로 100달러를 인출할 수 있을까요?

▶ _____

14   버터 없은 팝콘 하나랑 펩시 콜라 하나 주세요.

▶ _____

15   자동현금인출기에서 50달러짜리 지폐 어떻게 인출할 수 있나요?

▶ _____

16   C열 3, 4번 좌석에 앉고 싶어요.

▶ _____

17   수표 뒤에 이서했어요.

▶ _____

18   영화 주인공이 누구예요?

▶ _____

19   잔고를 확인하고 싶어요.

▶ _____

20   매표소는 정문 오른쪽에 있어요.

▶ _____

# ANSWERS

응용하기 / 확장 응용하기 / 확인학습
정답 & 해석

# UNIT 1  At the Airport (1)

### p. 18 응용하기

1. I would like to change the date of my flight. 제 비행기편 날짜를 바꾸고 싶어요.
   I would like to reconfirm my flight. 제 비행기편을 재확인하고 싶어요.
2. Is there a room available? 이용할 수 있는 방이 있어요?
   Is there a job available? 구할 수 있는 일자리가 있어요?
3. How many bags am I allowed to carry? 가방은 몇 개나 지닐 수 있어요?
   How many bags am I allowed to have? 가방은 몇 개나 가지고 있을 수 있어요?
4. Here's my passport. 여기 제 여권입니다.
   Here's my ID. 여기 제 신분증입니다.
5. Where is the baggage claim area for OZ-190? OZ-190편 수하물 찾는 곳이 어디예요?
   Where is the duty-free shop? 면세점이 어디예요?
6. What is the nature of your call? 전화하시는 목적이 뭐죠?
   What is the nature of your complaint? 불평하시는 목적이 뭐죠?

### p. 19 확장 응용하기

1. We would like to change the date of our flight. 저희 비행기편 날짜를 바꾸고 싶어요.
   We would like to reconfirm our flight. 저희 비행기편을 재확인하고 싶어요.
2. There was a room available. 이용할 수 있는 방이 있었어요.
   There was a job available. 구할 수 있는 일자리가 있었어요.
3. How much luggage am I allowed to carry? 수하물은 얼마나 지닐 수 있어요?
   How much luggage am I allowed to have? 수하물은 얼마나 가지고 있을 수 있어요?
4. Here's my passport. 여기 제 여권입니다.
   Here's my ID. 여기 제 신분증입니다.
5. Excuse me, where is the baggage claim area for OZ-190? 실례지만, OZ-190편 수하물 찾는 곳이 어디예요?
   Excuse me, where is the duty-free shop? 실례지만, 면세점이 어디예요?
6. What was the nature of your call? 전화하신 목적이 뭐였죠?
   What was the nature of your complaint? 불평하신 목적이 뭐였죠?

# UNIT 2  At the Airport (2)

### p. 22 응용하기

1. Can I get a window seat? 창가 쪽 좌석으로 주시겠어요?
   Can I get a middle seat? 중간 좌석으로 주시겠어요?
2. Where can I find the airport lounge? 공항 라운지는 어디에 있어요?
   Where can I find the ATM? 자동현금인출기는 어디에 있어요?
3. Do you have a seat near a lavatory? 화장실 근처에 좌석 있어요?
   Do you have a seat in the first row? 첫 번째 열에 좌석 있어요?

4   How do I get to the hotel from the airport? 공항에서 그 호텔에 어떻게 가요?
    How do I get to the subway station? 그 지하철역에 어떻게 가요?
5   Certain items are not allowed on board. 기내 탑승 시 특정 품목들은 허용되지 않아요.
    Smelly food items are not allowed on board. 기내 탑승 시 냄새가 나는 음식물들은 허용되지 않아요.
6   What time does the plane arrive? 비행기는 몇 시에 도착해요?
    What time does the plane depart? 비행기는 몇 시에 출발해요?

p. 23 **확장 응용하기**
1   Do you have a window seat? 창가 쪽 좌석 있어요?
    Do you have a middle seat? 중간 좌석 있어요?
2   Do you know where I can find the airport lounge? 공항 라운지는 어디에 있는지 아세요?
    Do you know where I can find the ATM? 자동현금인출기는 어디에 있는지 아세요?
3   Do you want a seat near a lavatory? 화장실 근처에 있는 좌석 원하세요?
    Do you want a seat in the first row? 첫 번째 열에 있는 좌석 원하세요?
4   Do you know how to get to the hotel from the airport? 공항에서 그 호텔에 어떻게 가는지 알아요?
    Do you know how to get to the subway station? 그 지하철역에 어떻게 가는지 알아요?
5   We don't allow certain items on board. 저희는 기내 탑승 시 특정 품목들을 허용하지 않아요.
    We don't allow smelly food items on board. 저희는 기내 탑승 시 냄새가 나는 음식물들을 허용하지 않아요.
6   When does the plane arrive? 비행기는 언제 도착해요?
    When does the plane depart? 비행기는 언제 출발해요?

## UNIT 3   At the Airport (3)

p. 26 **응용하기**
1   I'm here on business. 전 사업차 왔어요.
    I'm here to visit my sister. 전 제 여동생을 만나러 왔어요.
2   I have nothing to wear. 저는 입을 게 아무것도 없어요.
    I have nothing to be afraid of. 저는 두려워할 게 아무것도 없어요.
3   Is the limousine on time? 그 리무진은 제 시간에 와요?
    Is the train on time? 그 기차는 제 시간에 와요?
4   I'm not carrying any explosives. 저는 폭발물을 소지하고 있지 않습니다.
    I'm not carrying any form of identification. 저는 신분증 형태를 소지하고 있지 않습니다.
5   Do I have to take everything out of my pockets? 주머니에서 모든 걸 꺼내야 하나요?
    Do I have to take my cellphone out of its case? 핸드폰 케이스에서 제 핸드폰을 꺼내야 하나요?
6   Where can I find the nearest pay phone? 가장 가까운 공중전화를 어디에서 찾을 수 있나요?
    Where can I pick up my duty-free items? 제 면세품을 어디에서 찾아올 수 있나요?

p. 27 **확장 응용하기**
1   I was here on business. 전 사업차 왔었어요.
    I was here to visit my sister. 전 제 여동생을 만나러 왔었어요.

**2**  I don't have anything to wear. 저는 입을 게 아무것도 없어요.
I don't have anything to be afraid of. 저는 두려워할 게 아무것도 없어요.

**3**  The limousine was on time. 그 리무진은 제 시간에 왔어요.
The train was on time. 그 기차는 제 시간에 왔어요.

**4**  Are you carrying any explosives? 폭발물을 소지하고 있나요?
Are you carrying any form of identification? 신분증 형태를 소지하고 있나요?

**5**  You should take everything out of your pockets. 주머니에서 모든 걸 다 꺼내세요.
You should take your cellphone out of its case. 핸드폰 케이스에서 핸드폰을 꺼내세요.

**6**  Do you know where I can find the nearest pay phone? 가장 가까운 공중전화를 어디에서 찾을 수 있는지 아세요?
Do you know where I can pick up my duty-free items? 제 면세품을 어디에서 찾아올 수 있는지 아세요?

---

## UNIT 4  On the Plane

### p. 30 응용하기

**1**  I am afraid you are in the wrong seat. 당신이 자리를 잘못 앉은 것 같은데요.
I am afraid I left it at home. 제가 그걸 집에 두고 온 것 같은데요.

**2**  What kind of books do you have? 책들은 어떤 게 있나요?
What kind of wine do you have? 와인은 어떤 게 있나요?

**3**  We will be boarding in ten minutes. 10분 후에 탑승할 겁니다.
We will be taking off in ten minutes. 10분 후에 이륙할 겁니다.

**4**  That would be fun. 그거 재미있겠는데요.
That would be good. 그거 좋겠는데요.

**5**  Can I have some coffee? 커피 좀 마셔도 되나요?
Can I ask a few things? 몇 가지 물어봐도 되나요?

**6**  Could you bring me a cup of coffee? 커피 한 잔 좀 가져다 주시겠어요?
Could you bring me something to drink? 마실 것 좀 가져다 주시겠어요?

### p. 31 확장 응용하기

**1**  I think you are in the wrong seat. 당신이 자리를 잘못 앉은 것 같은데요.
I think I left it at home. 제가 그걸 집에 두고 온 것 같은데요.

**2**  What sort of books do you have? 책들은 어떤 게 있나요?
What sort of wine do you have? 와인은 어떤 게 있나요?

**3**  We will board shortly. 곧 탑승할 겁니다.
We will take off shortly. 곧 이륙할 겁니다.

**4**  That was fun. 그거 재미있었어요.
That was good. 그거 좋았어요.

**5**  Is it okay to have some coffee? 커피 좀 마셔도 괜찮아요?
Is it okay to ask a few things? 몇 가지 물어봐도 괜찮아요?

**6**  May I have a cup of coffee? 커피 한 잔 좀 주시겠어요?
May I have something to drink? 마실 것 좀 주시겠어요?

# UNIT 5   At the Travel Agency

p. 34 **응용하기**

1   Is that one-way or return ticket? 편도인가요, 왕복표인가요?
    Is that one-way or return flight? 편도인가요, 왕복 항공권인가요?
2   Is there a redeye flight to New York? 뉴욕까지 야간 항공편이 있나요?
    Is there a direct flight to New York? 뉴욕까지 직항편이 있나요?
3   I don't need a tour guide. 전 여행 가이드 필요 없어요.
    I don't need a cart. 전 카트 필요 없어요.
4   I want to postpone the meeting a bit. 회의를 조금 연기하고 싶어요.
    I want to postpone my travel. 제 여행을 연기하고 싶어요.
5   I'd like to book a table for two. 두 사람 앉을 테이블 예약하고 싶어요.
    I'd like to book a flight to Seoul. 서울행 비행편 예약하고 싶어요.
6   Is foot massage included in the package tour? 패키지 여행에 발마사지가 포함되어 있나요?
    Is a visit to a shopping mall included in the package tour? 패키지 여행에 쇼핑몰 방문이 포함되어 있나요?

p. 35 **확장 응용하기**

1   Do you want one-way or return ticket? 편도 원하세요, 왕복표 원하세요?
    Do you want one-way or return flight? 편도 원하세요, 왕복 항공권 원하세요?
2   There is a redeye flight to New York. 뉴욕까지 야간 항공편이 있어요.
    There is a direct flight to New York. 뉴욕까지 직항편이 있어요.
3   I don't need a tour guide, but my mom does. 전 여행 가이드 필요 없지만 저희 엄마는 필요해요.
    I don't need a cart, but my mom does. 전 카트 필요 없지만 저희 엄마는 필요해요.
4   I need to put off the meeting a bit. 회의를 조금 연기해야 해요.
    I need to put off my travel. 제 여행을 연기해야 해요.
5   I plan to book a table for two. 두 사람 앉을 테이블 예약할 계획이에요.
    I plan to book a flight to Seoul. 서울행 비행편 예약할 계획이에요.
6   Is foot massage included in the package tour to Japan? 일본 패키지 여행에 발마사지가 포함되어 있나요?
    Is a visit to a shopping mall included in the package tour to Japan?
    일본 패키지 여행에 쇼핑몰 방문이 포함되어 있나요?

p. 36 **Unit 1–5 확인학습**

1   Is there an earlier flight available?
2   I have nothing to declare.
3   How many bags am I allowed to check in?
4   Where can I exchange money?
5   Lighters are not allowed on board.
6   I am afraid you are sitting in my seat.
7   Can I get an aisle seat?
8   I want to postpone my return flight for a few days.
9   I would like to confirm my flight.
10  Could you bring me a glass of water?

11  What is the nature of your visit?
12  What kind of soda do you have?
13  Do you have a seat next to the emergency exit?
14  Can I use the lavatory?
15  What time does the plane begin boarding?
16  Is there a nonstop flight to New York?
17  I am not carrying any liquids.
18  Is breakfast included in the package tour?
19  Do I have to take my laptop out of the bag?
20  Is that one-way or round trip?

## UNIT 6　At the Duty-Free Shop (1)

### p. 40 응용하기

1　What do you want to have as a souvenir? 기념품으로 뭘 갖고 싶어요?
　　What do you want to buy as a souvenir? 기념품으로 뭘 사고 싶어요?
2　Do you have a delivery fee? 배송비가 있나요?
　　Do you have a delivery address? 배송 주소 있나요?
3　That's it. Thanks. 그게 전부입니다. 감사합니다.
　　That's about it. Thanks. 그게 거의 전부입니다. 감사합니다.
4　What is the duty-free limit? 면세 한도가 얼마예요?
　　What is the duty-free alcohol allowance? 면세 알코올 한도가 얼마예요?
5　The total comes to fifty dollars. 총액은 50달러입니다.
　　The total comes to fifty thousand won. 총액은 5만원입니다.
6　Duty-free purchases must be placed in a sealed bag. 면세 구입품은 밀봉된 봉투에 넣어야 해요.
　　Duty-free purchases must be picked up after 2 p.m. 면세 구입품은 오후 2시 이후에 찾아가야 합니다.

### p. 41 확장 응용하기

1　What did you want to have as a souvenir? 기념품으로 뭘 갖고 싶었어요?
　　What did you want to buy as a souvenir? 기념품으로 뭘 사고 싶었어요?
2　We don't have a delivery fee. 저희는 배송비가 없어요.
　　We don't have a delivery address? 저희는 배송 주소가 없어요.
3　That's it. Thanks. 그게 전부입니다. 감사합니다.
　　That's about it. Thanks. 그게 거의 전부입니다. 감사합니다.
4　What was the duty-free limit? 면세 한도가 얼마였어요?
　　What was the duty-free alcohol allowance? 면세 알코올 한도가 얼마였어요?
5　The total came to fifty dollars. 총액은 50달러였습니다.
　　The total came to fifty thousand won. 총액은 5만원이었습니다.
6　Duty-free purchases should be placed in a sealed bag. 면세 구입품은 밀봉된 봉투에 넣어야 해요.
　　Duty-free purchases should be picked up after 2 p.m. 면세 구입품은 오후 2시 이후에 찾아가야 합니다.

# UNIT 7　At the Duty-Free Shop (2))

### p. 44 응용하기
1. Please wrap them in paper. 그거 종이로 포장해 주세요.
   Please wrap them in sturdy packaging. 그거 튼튼한 포장 용기에 포장해 주세요.
2. Can I take this luggage on the plane? 비행기에 이 짐 갖고 타도 돼요?
   Can I take this lotion on the plane? 비행기에 이 로션 갖고 타도 돼요?
3. It needs to be in a storage box. 수납상자에 들어 있어야 해요.
   It needs to be in a safe container. 안전한 용기에 들어 있어야 해요.
4. When may I come back? 제가 언제 돌아올 수 있나요?
   When may I visit you? 제가 언제 당신을 방문할 수 있나요?
5. I prefer to pay in cash. 전 현금으로 지불하고 싶어요.
   I prefer to pay in installments. 전 할부로 지불하고 싶어요.
6. The box was confiscated. 그 상자를 압수당했어요.
   The item was confiscated. 그 물건을 압수당했어요.

### p. 45 확장 응용하기
1. Could you please wrap them in paper? 종이로 포장해 주시겠어요?
   Could you please wrap them in sturdy packaging? 튼튼한 포장 용기에 포장해 주시겠어요?
2. Should I take this luggage on the plane? 비행기에 이 짐 갖고 타야 돼요?
   Should I take this lotion on the plane? 비행기에 이 로션 갖고 타야 돼요?
3. Put it in a storage box. 그걸 수납상자에 넣으세요.
   Put it in a safe container. 그걸 안전한 용기에 넣으세요.
4. When can I come back? 제가 언제 돌아올 수 있나요?
   When can I visit you? 제가 언제 당신을 방문할 수 있나요?
5. Do you prefer to pay in cash? 현금으로 지불하고 싶으세요?
   Do you prefer to pay in installments? 할부로 지불하고 싶으세요?
6. They confiscated the box. 그들이 그 상자를 압수했어요.
   They confiscated the item. 그들이 그 물건을 압수했어요.

# UNIT 8　At the Department Store(1)

### p. 48 응용하기
1. What time does the store open? 몇 시에 가게 문 열어요?
   What time does the shuttle bus leave? 몇 시에 셔틀버스 떠나요?
2. I'm just waiting for my friends. 그냥 친구들 기다리는 거예요.
   I'm just looking up some information. 그냥 정보 좀 찾고 있는 거예요.
3. Do you have anything bigger? 더 큰 거 있어요?
   Do you have anything smaller? 더 작은 거 있어요?
4. How much does it cost? 비용이 얼마예요?
   How much are they? 그것들은 얼마예요?

5   I am looking for a light overcoat. 가벼운 외투를 찾고 있어요.
    I am looking for a cheap used car. 저렴한 중고차를 찾고 있어요.
6   I'll buy this. 저 이거 살게요.
    I'll use this. 저 이거 쓸게요.

### p. 49 확장 응용하기
1   When does the store open? 언제 가게 문 열어요?
    When does the shuttle bus leave? 언제 셔틀버스 떠나요?
2   We're just waiting for our friends now. 우리 지금 그냥 친구들 기다리는 거예요.
    We're just looking up some information now. 우리 지금 그냥 정보 좀 찾고 있는 거예요.
3   Do you have anything bigger than that? 그거보다 더 큰 거 있어요?
    Do you have anything smaller than that? 그거보다 더 작은 거 있어요?
4   How much does it cost? 비용이 얼마예요?
    How much are they? 그것들은 얼마예요?
5   I was looking for a light overcoat at that time. 전 그때 가벼운 외투를 찾고 있었어요.
    I was looking for a cheap used car at that time. 전 그때 저렴한 중고차를 찾고 있었어요.
6   I won't buy this. 저 이거 안 살게요.
    I won't use this. 저 이거 안 쓸게요.

## UNIT 9    At the Department Store (2)

### p. 52 응용하기
1   Do you have this in red? 이거 붉은색으로 있나요?
    Do you have this in white? 이거 흰색으로 있나요?
2   It's very big. 매우 크네요.
    It's very small. 매우 작네요.
3   Where is the dining room? 식당은 어디에 있나요?
    Where is the conference room? 회의실은 어디에 있나요?
4   This is too revealing. 이건 너무 몸매가 드러나요.
    This is too short. 이건 너무 길이가 짧아요.
5   Can I try this out? 제가 이것 시험 삼아 사용해도 돼요?
    Can I buy this on credit? 제가 이것 외상으로 사도 돼요?
6   Do you take personal checks? 개인수표 받으세요?
    Do you take cash? 현금 받으세요?

### p. 53 확장 응용하기
1   We have this in red. 저희한테 붉은색으로 이게 있어요.
    We have this in white. 저희한테 흰색으로 이게 있어요.
2   It's too big. 너무 크네요.
    It's too small. 너무 작네요.

3   Where was the dining room? 식당은 어디에 있었어요?
    Where was the conference room? 회의실은 어디에 있었어요?
4   Isn't this too revealing? 이건 너무 몸매가 드러나지 않나요?
    Isn't this too short?. 이건 너무 길이가 짧지 않나요?
5   I'd like to try this out. 제가 이것 시험 삼아 사용하고 싶어요.
    I'd like to buy this on credit. 제가 이것 외상으로 사고 싶어요.
6   We don't take personal checks. 저희는 개인수표 받지 않아요.
    We don't take cash. 저희는 현금 받지 않아요.

## UNIT 10  At the Department Store (3)

### p. 56 응용하기
1   Can you give me a 10 % discount on cash purchases? 현금 구매에 10퍼센트 할인해 줄 수 있어요?
    Can you give me a better deal? 더 좋은 거래 조건으로 해 줄 수 있어요?
2   I will pay by check. 수표로 낼게요.
    I will pay by credit card. 신용카드로 낼게요.
3   Is this for sale? 이거 판매하는 건가요?
    Is this on a bargain sale? 이거 바겐세일 중인가요?
4   Could I have some more water, please? 물 좀 더 주시겠어요?
    Could I have the bill, please? 계산서 좀 주시겠어요?
5   Do you have these in size four? 이것들이 4 사이즈로 있나요?
    Do you have these in medium size? 이것들이 중간 사이즈로 있나요?
6   Can I get the results of the interview? 인터뷰 결과를 받을 수 있나요?
    Can I get a guide map of the city? 도시 안내 지도를 받을 수 있나요?

### p. 57 확장 응용하기
1   Can I get a 10 % discount on cash purchases? 현금 구매에 10퍼센트를 받을 수 있을까요?
    Can I get a better deal? 더 좋은 거래 조건으로 받을 수 있을까요?
2   I paid by check. 수표로 지불했어요.
    I paid by credit card. 신용카드로 지불했어요.
3   When will this be for sale? 이건 언제 판매할 건가요?
    When will this be on a bargain sale? 이건 언제 바겐세일 할 건가요?
4   Excuse me, could I have some more water, please? 저기요, 물 좀 더 주시겠어요?
    Excuse me, could I have the bill, please? 저기요, 계산서 좀 주시겠어요?
5   Did you have these in size four? 이것들이 4 사이즈로 있었나요?
    Did you have these in medium size? 이것들이 중간 사이즈로 있었나요?
6   Can you give me the results of the interview? 인터뷰 결과를 제게 주시겠어요?
    Can you give me a guide map of the city? 도시 안내 지도를 제게 주시겠어요?

## p. 58 Unit 6–10 확인학습

1. What is popular as a souvenir?
2. I'll take this.
3. Do you have a delivery service?
4. I'm looking for a new perfume.
5. What is the duty-free allowance?
6. Do you have this in black?
7. Duty-free purchases must not exceed 500 dollars.
8. Where is the fitting room?
9. Please wrap them separately.
10. Can I try this on?
11. Can I take this on the plane?
12. Do you take credit cards?
13. When may I open duty-free items?
14. Can you give me a discount?
15. I prefer to pay in Korean currency.
16. Is this on sale?
17. I'm just browsing.
18. Can I get a refund?
19. Do you have anything cheaper?
20. Do you have these in my size?

## UNIT 11 At the Hotel (1)

### p. 62 응용하기

1. I'd like to talk to someone in charge. 담당자와 이야기하고 싶어요.
   I'd like to reserve a tennis court for 2 p.m.. 오후 두 시로 테니스 코트를 예약하고 싶어요.
2. I will be staying at Tower Hotel. 타워호텔에서 머물 거예요.
   I will be staying from 5th of June to 8th of June. 6월 5일부터 8일까지 머물 거예요.
3. A room with twin beds, please. 트윈 베드 딸린 방으로 주세요.
   A room with a balcony, please. 발코니 딸린 방으로 주세요.
4. I'd like to have a room with easy access to dining. 식당으로 쉽게 접근할 수 있는 방을 원합니다.
   I'd like to have a room with a bathtub. 욕조가 딸린 방을 원합니다.
5. What is the subscription rate? 신문 구독 요금은 얼마예요?
   What is the hourly parking rate? 시간당 주차 요금은 얼마예요?
6. I will be arriving on the last bus. 전 마지막 버스로 도착할 거예요.
   I will be arriving as planned. 전 예정대로 도착할 거예요.

### p. 63 확장 응용하기

1. I want to talk to someone in charge. 담당자와 이야기하고 싶어요.
   I want to reserve a tennis court for 2 p.m.. 오후 두 시로 테니스 코트를 예약하고 싶어요.

2   I'm going to stay at Tower Hotel.  타워호텔에서 머물 거예요.
    I'm going to stay from 5th of June to 8th of June.  6월 5일부터 8일까지 머물 거예요.
3   Could I get a room with twin beds, please?  트윈 베드 딸린 방으로 주시겠어요?
    Could I get a room with a balcony, please?  발코니 딸린 방으로 주시겠어요?
4   I'd like to have a room with easy access to dining.  식당으로 쉽게 접근할 수 있는 방을 원합니다.
    I'd like to have a room with a bathtub.  욕조가 딸린 방을 원합니다.
5   How much is the subscription rate?  신문 구독 요금은 얼마예요?
    How much is the hourly parking rate?  시간당 주차 요금은 얼마예요?
6   I am arriving on the last bus.  전 마지막 버스로 도착해요.
    I am arriving as planned.  전 예정대로 도착해요.

# UNIT 12 At the Hotel (2)

### p. 66 응용하기

1   Be sure to check out before twelve.  12시 전까지 꼭 체크아웃하세요.
    Be sure to arrive before noon.  정오 전까지 꼭 도착하세요.
2   You are in room 1302.  손님 객실번호는 1302호입니다.
    You are in room 601.  손님 객실번호는 601호입니다.
3   Do you accept American dollars?  미국 달러 받으세요?
    Do you accept traveler's checks?  여행자 수표 받으세요?
4   Now here is your change.  자, 잔돈 여기 있어요.
    Now here is your coffee.  자, 커피 여기 있어요.
5   Please let me know if you need anything.  필요한 게 있으면 제게 알려주세요.
    Call me if you need anything.  필요한 게 있으면 제게 전화하세요.
6   One minute, please.  잠시만 기다려 주세요.
    One moment, please.  잠시만 기다려 주세요.

### p. 67 확장 응용하기

1   Make sure to check out before twelve.  12시 전까지 꼭 체크아웃하세요.
    Make sure to arrive before noon.  정오 전까지 꼭 도착하세요.
2   Your room number is 1302.  손님 객실번호는 1302호입니다.
    Your room number is 601.  손님 객실번호는 601호입니다.
3   Can I pay by American dollars?  미국 달러로 지불할 수 있나요?
    Can I pay by traveler's checks?  여행자 수표로 지불할 수 있나요?
4   Now here is your change.  자, 여기 잔돈 있어요.
    Now here is your coffee.  자, 여기 커피 있어요.
5   Please let me know when you need something.  뭔가 필요하면 제게 알려주세요.
    Call me when you need something.  뭔가 필요하면 제게 전화하세요.
6   Wait one minute, please.  잠시만 기다려 주세요.
    Wait one moment, please.  잠시만 기다려 주세요.

## UNIT 13  At the Hotel (3)

**p. 70 응용하기**
1. What time is the first flight to London? 런던행 첫 비행기는 몇 시예요?
   What time is our appointment with Dr. Lee? 이 선생님과의 약속은 몇 시예요?
2. I'm calling from Seoul, Korea. 한국의 서울에서 전화하는 거예요.
   I'm calling from New York. 뉴욕에서 전화하는 거예요.
3. I'd like to order some food in my room. 객실에서 음식을 좀 주문하고 싶어요.
   I'd like to order some room service in my room. 객실에서 룸 서비스 몇 가지 주문하고 싶어요.
4. Please send me someone to pick us up. 우리를 태우러 올 사람 좀 보내주세요.
   Please send me someone to fix this. 이것을 고칠 사람 좀 보내주세요.
5. How long will it take to finish your work? 일을 마치는 데 시간이 얼마나 걸릴까요?
   How long will it take to go to Hawaii by airplane? 비행기로 하와이 가는 데 시간이 얼마나 걸릴까요?
6. I have a few questions. 질문이 몇 개 있어요.
   I have a few problems. 문제가 몇 개 있어요.

**p. 71 확장 응용하기**
1. When is the first flight to London? 런던행 첫 비행기는 언제예요?
   When is our appointment with Dr. Lee? 이 선생님과의 약속은 언제예요?
2. I called from Seoul, Korea. 한국의 서울에서 전화했어요.
   I called from New York. 뉴욕에서 전화했어요.
3. I'd like to order some food in my room for tomorrow morning.
   내일 아침을 위해 객실에서 음식을 좀 주문하고 싶어요.
   I'd like to order some room service in my room for tomorrow morning.
   내일 아침을 위해 객실에서 룸 서비스 몇 가지 주문하고 싶어요.
4. Could you please send me someone to pick us up? 우리를 태우러 올 사람 좀 보내주시겠어요?
   Could you please send me someone to fix this? 이것을 고칠 사람 좀 보내주시겠어요?
5. How many days will it take to finish your work? 일을 마치는 데 며칠이나 걸릴까요?
   How many days will it take to go to Hawaii by airplane? 비행기로 하와이 가는 데 며칠이나 걸릴까요?
6. I have some questions. 질문이 좀 있어요.
   I have some problems. 문제가 좀 있어요.

## UNIT 14  Taking a Taxi (1)

**p. 74 응용하기**
1. Would you hold this for me, please? 이것 좀 들고 계시겠어요?
   Would you wrap this for me, please? 이것 좀 포장해 주시겠어요?
2. Please send a taxi to the hotel. 호텔로 택시 보내주세요.
   Please send a taxi to my office. 제 사무실로 택시 보내주세요.

**3** I'm going to the express bus terminal. 저 고속버스 터미널에 가요.
I'm going to Seoul Station. 저 서울역으로 가요.

**4** I'm in a hurry. 전 서두름에 있는 상태예요. (= 저 바빠요.)
I'm in a bad mood. 전 안 좋은 기분에 있는 상태예요. (= 저 기분이 안 좋아요.)

**5** I must get there on time. 저 거기에 제 시간에 도착해야만 해요.
I must get there before it's too late. 전 거기에 너무 늦기 전에 도착해야만 해요.

**6** I'm stuck in a traffic jam. 저 교통체증에 걸려 있어요.
He is late because of a traffic jam. 그 사람 교통체증 때문에 지각해요.

### p. 75 확장 응용하기

**1** Do you want me to hold this for you? 제가 이것 좀 들고 있기를 원해요? (= 이거 들고 있을까요?)
Do you want me to wrap this for you? 제가 이것 좀 싸 주기를 원해요? (= 이거 싸드릴까요?)

**2** Is it okay to send a taxi to the hotel? 호텔로 택시 보내주셔도 괜찮겠어요?
Is it okay to send a taxi to my office? 제 사무실로 택시 보내주셔도 괜찮겠어요?

**3** You know, I'm going to the express bus terminal. 있잖아요, 저 고속버스 터미널에 가요.
You know, I'm going to Seoul Station. 있잖아요, 저 서울역으로 가요.

**4** You're sure in a hurry. 당신 정말 서두름에 있는 상태군요. (= 당신 정말 바쁘군요.)
You're sure in a bad mood. 당신 정말 안 좋은 기분에 있는 상태군요. (= 당신 정말 기분이 안 좋군요.)

**5** We might get there on time. 우리는 거기에 제 시간에 도착할지도 몰라요.
We might get there before it's too late. 우리는 거기에 너무 늦기 전에 도착할지도 몰라요.

**6** I was stuck in a traffic jam. 저 교통체증에 걸려 있었어요.
He was late because of a traffic jam. 그 사람 교통체증 때문에 지각했어요.

## UNIT 15  Taking a Taxi (2)

### p. 78 응용하기

**1** How much will it cost to the airport? 공항까지 요금이 얼마가 나올까요?
How much will it cost to repair my car? 제 차 수리하는 데 요금이 얼마가 나올까요?

**2** Please take the quickest highway. 가장 빠른 고속도로로 택해 주세요.
Please take the quickest main road. 가장 빠른 간선도로를 택해 주세요.

**3** Keep all her letters. 그녀의 편지들 전부 가지세요.
Keep all the money. 돈 전부 가지세요.

**4** Try a different card. 다른 카드를 써 보세요.
Try a different approach. 다른 접근 방법을 써 보세요.

**5** It's been nice working with you. 당신과 함께 일해서 즐거웠어요.
It's been nice meeting you. 당신을 만나서 즐거웠어요.

**6** Could you pick up the speed please? 속도를 내 주시겠어요?
Could you ease up please? 속도를 줄여 주시겠어요?

p. 79 확장 응용하기

1  How much does it cost to the airport? 공항까지 요금이 얼마가 나와요?
   How much does it cost to repair my car? 제 차 수리하는 데 요금이 얼마가 나와요?
2  We need to take the quickest highway. 우리는 가장 빠른 고속도로를 택해야 해요.
   We need to take the quickest main road. 우리는 가장 빠른 간선도로를 택해야 해요.
3  Don't keep all her letters. 그녀의 편지들 전부 가지지 마세요.
   Don't keep all the money. 돈 전부 가지지 마세요.
4  Why don't we try a different card? 우리 다른 카드를 써 보는 게 어때?
   Why don't we try a different approach? 우리 다른 접근 방법을 써 보는 게 어때?
5  It was nice working with you. 당신과 함께 일해서 즐거웠어요.
   It was nice meeting you. 당신을 만나서 즐거웠어요.
6  I think you should pick up the speed please. 당신이 속도를 내야 할 것 같은데요.
   I think you should ease up please. 당신이 속도를 줄여야 할 것 같은데요.

p. 80 Unit 11–15 확인학습

1  A room with a double bed, please.
2  I have a few complaints.
3  I would like to have a room with an ocean view.
4  How long will it take to get to the train station?
5  What is the room rate?
6  Would you call a taxi for me, please?
7  I'd like to make a reservation.
8  I'm in a bit of a rush.
9  Be sure to check in before five.
10 I must get there by noon.
11 Dial 0 if you need anything.
12 There's a traffic jam.
13 You are in room 1104.
14 How much will it cost?
15 One second, please.
16 Please take the quickest route.
17 I am calling from room number 1104.
18 Keep the change.
19 I'd like to order breakfast in my room.
20 Could you slow down please?

## UNIT 16 At the Café (1)

p. 84 응용하기

1  I'm ready to go out now. 지금 외출할 준비됐어요.
   I'm ready to discuss this. 이것 논의할 준비됐어요.

2   I would like a bottle of beer. 맥주 한 병 주세요.
    I would like burritos. 부리토 주세요.
3   Apple pie with whipped cream, please. 휘핑 크림 올린 애플파이 주세요.
    Pancakes with whipped cream, please. 휘핑 크림 올린 팬케이크 주세요.
4   What size do you take? 어떤 사이즈 입으세요?
    What size do you want to purchase? 어떤 사이즈 구매하고 싶어요?
5   Grande, please. 그란데 사이즈 주세요.
    Venti, please. 벤티 사이즈 주세요.
6   I'll have the same as you. 당신 거랑 같은 걸로 주세요.
    I'll have the same as usual. 평소와 같은 걸로 주세요.

### p. 85 확장 응용하기
1   Are you ready to go out now? 지금 외출할 준비되었어요?
    Are you ready to discuss this? 이것 논의할 준비되었어요?
2   I will have a bottle of beer. 맥주 한 병 먹겠어요.
    I will have burritos. 부리토 먹겠어요.
3   Can I get apple pie with whipped cream, please? 휘핑 크림 올린 애플파이 주시겠어요?
    Can I get pancakes with whipped cream, please? 휘핑 크림 올린 팬케이크 주시겠어요?
4   What size did you take? 어떤 사이즈 입으셨어요?
    What size did you want to purchase? 어떤 사이즈 구매하고 싶으셨어요?
5   Two Grandes, please. 그란데 사이즈 두 개 주세요.
    Two Ventis, please. 벤티 사이즈 두 개 주세요.
6   I won't have the same as you. 당신 거랑 같은 걸로 안 하겠어요.
    I won't have the same as usual. 평소와 같은 걸로 안 하겠어요.

## UNIT 17 At the Café (2)

### p. 88 응용하기
1   How would you like your hamburger? 햄버거는 어떻게 해드릴까요?
    How would you like your eggs? 달걀은 어떻게 해드릴까요?
2   I like it with sugar. (커피는) 설탕 넣어서 주세요.
    I like it with sugar and cream. (커피는) 설탕이랑 크림 넣어서 주세요.
3   Do you want to add salt? 소금 넣어드릴까요?
    Do you want to add more ice cream? 아이스크림 더 넣어드릴까요?
4   This is too hot for me. 이건 제게 너무 뜨거워요.
    This is too sweet for me. 이건 제게 너무 달아요.
5   Can I get a copy of your report? 보고서 한 부 받을 수 있을까요? (보고서 한 부 주시겠어요?)
    Can I get a wake-up call tomorrow morning? 내일 아침 모닝콜 받을 수 있을까요? (내일 아침에 모닝콜 해 주시겠어요?)
6   You can pick up the key at the front desk. 프런트 데스크에서 열쇠 받아가실 수 있어요.
    You can pick up the ticket over there. 저쪽에서 표 받아가실 수 있어요.

p. 89 **확장 응용하기**

1. How would you like your hamburger? 햄버거는 어떻게 해드릴까요?
   How would you like your eggs? 달걀은 어떻게 해드릴까요?
2. Do you want it with sugar? (커피는) 설탕 넣어서 드려요?
   Do you want it with sugar and cream? (커피는) 설탕이랑 크림 넣어서 드려요?
3. Would you like to add salt? 소금 넣어드릴까요?
   Would you like to add more ice cream? 아이스크림 더 넣어드릴까요?
4. It was too hot for me. 그건 제게 너무 뜨거웠어요.
   It was too sweet for me. 그건 제게 너무 달았어요.
5. Can I have a copy of your report? 보고서 한 부 받을 수 있을까요? (=보고서 한 부 주시겠어요?)
   Can I have a wake-up call tomorrow morning?
   내일 아침 모닝콜 받을 수 있을까요? (=내일 아침에 모닝콜 해 주시겠어요?)
6. Please pick up the key at the front. 프런트에서 열쇠 가져가 주세요.
   Please pick up the ticket over there. 저쪽에서 표 가져가 주세요.

## UNIT 18 At the Restaurant (1)

p. 92 **응용하기**

1. A table for two, please. 2인용 테이블 주세요.
   A table for six, please. 6인용 테이블 주세요.
2. I booked a room under the name of Yelin Kim. 김예린 이름으로 방 하나 예약했어요.
   I booked a train ticket under the name of Yelin Kim. 김예린 이름으로 기차표 1장 예약했어요.
3. What do you use as a main ingredient? 주재료로 무엇을 사용해요?
   What do you want for dessert? 디저트로 무엇을 원해요?
4. Just some coffee, please. 그냥 커피만 주세요.
   Just some sparkling water, please. 그냥 탄산수만 주세요.
5. What is today's menu? 오늘의 메뉴가 무엇인가요?
   What is today's soup? 오늘의 수프가 무엇인가요?
6. How do you like your burger? 햄버거 어떻게 해드릴까요?
   How do you like your toast? 토스트 어떻게 해드릴까요?

p. 93 **확장 응용하기**

1. Do you have a table for two? 2인용 테이블 있어요? .
   Do you have a table for six? 6인용 테이블 있어요?
2. I'll book a room under the name of Yelin Kim. 김예린 이름으로 방 하나 예약할게요.
   I'll book a train ticket under the name of Yelin Kim. 김예린 이름으로 기차표 1장 예약할게요.
3. What did he use as a main ingredient? 그는 주재료로 무엇을 사용했나요?
   What did he want for dessert? 그는 디저트로 무엇을 원했나요?
4. I just need some coffee. 전 그냥 커피만 필요해요.
   I just need some sparkling water. 전 그냥 탄산수만 필요해요.

5   I want to know what today's menu is. 오늘의 메뉴가 무엇인지 알고 싶어요.
    I want to know what today's soup is. 오늘의 수프가 무엇인지 알고 싶어요.
6   How do you want your burger? 햄버거 어떻게 해드릴까요?
    How do you want your toast? 토스트 어떻게 해드릴까요?

## UNIT 19 At the Restaurant (2)

### p. 96 응용하기
1   What do you have for breakfast? 아침 식사로 무엇이 있나요?
    What do you have for dessert? 디저트로 무엇이 있나요?
2   I'll have some salad to start. 먼저 샐러드로 시작할게요.
    I'll have fresh orange juice to start. 먼저 신선한 오렌지 주스로 시작할게요.
3   This is not what I wanted. 이것은 제가 원했던 게 아니에요.
    This is not what I asked for. 이것은 제가 요청했던 게 아니에요.
4   This soup is too spicy. 이 수프는 너무 매워요.
    This meat is too fatty. 이 고기는 너무 지방이 많아요.
5   The lamb is undercooked. 양고기가 설 익었어요.
    The lamb is over-cooked. 양고기가 너무 익었어요.
6   Could I have your autograph? 사인해 주시겠어요?
    Could I have some more water? 물 좀 더 주시겠어요?

### p. 97 확장 응용하기
1   What do you want for breakfast? 아침 식사로 무엇을 원하세요?
    What do you want for dessert? 디저트로 무엇을 원하세요?
2   I used to have some salad to start. 먼저 샐러드로 시작하곤 했었죠.
    I used to have fresh orange juice to start. 먼저 신선한 오렌지 주스로 시작하곤 했었죠.
3   That was not what I wanted. 그건 제가 원했던 게 아니었어요.
    That was not what I asked for. 그건 제가 요청했던 게 아니었어요.
4   This soup is so spicy that I can't finish it. 이 수프는 너무 매워서 다 먹을 수가 없어요.
    This meat is so fatty that I can't finish it. 이 고기는 너무 지방이 많아서 다 먹을 수가 없어요.
5   I think the lamb is undercooked. 양고기가 설 익은 것 같아요.
    I think the lamb is over-cooked. 양고기가 너무 익은 것 같아요.
6   Do you mind if I have your autograph? 사인해 주셔도 괜찮으시겠습니까?
    Do you mind if I have some more water? 물 좀 더 주셔도 괜찮으시겠습니까?

## UNIT 20  At the Market

### p. 100 응용하기
1. What is the cost of cheese? 치즈 가격이 어떻게 되나요?
   What is the cost of the ice cream? 그 아이스크림 가격이 어떻게 되나요?
2. Can you throw in a few more? 덤으로 몇 개만 더 줄 수 있나요?
   Can you throw in the stool? 덤으로 그 의자 줄 수 있나요?
3. If you buy one, you'll get 30 percent off. 하나 사시면, 30퍼센트 할인 받으실 거예요.
   If you buy one, you'll get the second one at half price. 하나 사시면, 두 번째 것은 반값에 사실 거예요.
4. All items are sold on first come, first served basis. 전 품목 선착순으로 판매됩니다.
   All items are sold at 50% discount. 전 품목 50% 할인 가격으로 판매됩니다.
5. Flat 50 percent off on all cash purchases. 모든 현금 구매에 균일하게 50퍼센트 할인
   Flat 50 percent off on all accessories. 모든 액세서리에 균일하게 50퍼센트 할인
6. Can you reduce the price? 가격을 깎아 줄 수 있어요?
   Can you lower the price? 가격을 낮춰 줄 수 있어요?

### p. 101 확장 응용하기
1. What is the price of cheese? 치즈 가격이 어떻게 되나요?
   What is the price of the ice cream? 그 아이스크림 가격이 어떻게 되나요?
2. Could you throw in a few more? 덤으로 몇 개만 더 주시겠어요?
   Could you throw in the stool? 덤으로 그 의자 주시겠어요?
3. Buy one, get 30 percent off. 하나 사시면, 30퍼센트 할인 받으실 거예요.
   Buy one, get the second one at half price. 하나 사시면, 두 번째 것은 반값에 사실 거예요.
4. All items have been sold on first come, first served basis. 전 품목 선착순으로 판매되고 있습니다.
   All items have been sold at 50% discount. 전 품목 50% 할인 가격으로 판매되고 있습니다.
5. We'll give you flat 50 percent off on all cash purchases. 모든 현금 구매에 균일하게 50퍼센트 할인해 드리겠습니다.
   We'll give you flat 50 percent off on all accessories. 모든 액세서리에 균일하게 50퍼센트 할인해 드리겠습니다.
6. I won't buy it unless you reduce the price. 가격 깎아 주지 않으면 그거 안 살래요.
   I won't buy it unless you lower the price. 가격 낮춰 주지 않으면 그거 안 살래요.

### p. 102 Unit 16–20 확인학습
1. I'm ready to order.
2. What is today's special?
3. Mocha with whipped cream, please.
4. A table for four, please.
5. Just some water, please.
6. I will have the mushroom soup to start.
7. I will have the same, please.
8. This is not what I ordered.
9. How would you like your coffee?
10. The lamb is well-cooked.
11. Can I get a refill please?

12  Could I have the check?
13  You can pick up your order over there.
14  Can you throw in something extra?
15  I like it black.
16  All items are sold at a flat price.
17  I booked a table for three under the name of Yelin Kim.
18  If you buy one, you'll get one free.
19  What do you recommend?
20  What is the cost of carrots?

## UNIT 21  At the Bookstore (1)

### p. 106 응용하기

1  Do you have the special edition? 특별판 있어요?
   Do you have the new edition? 신판 있어요?
2  Do you have *The Harry Potter* series by Joanne Rowling? 조앤 롤링이 쓴 〈해리포터〉 시리즈 있어요?
   Do you have the book 'The Alchemist' by Paulo Coelho? 파울로 코엘로가 쓴 '연금술사'란 책 있어요?
3  I am looking for the foreign language book section. 외국어 서적 부분을 찾고 있어요.
   I am looking for crafts & hobbies book section. 공예와 취미 서적 부분을 찾고 있어요.
4  Is this the only copy you have? 갖고 있는 부수는 이것 뿐인가요?
   Is this the only used book you have? 갖고 있는 중고책은 이것 뿐인가요?
5  Is it out of stock? 그 책은 재고가 없나요?
   Is it newly-published? 그 책은 신간인가요?
6  This is a boring book. 이거 지루한 책이에요.
   This is a must read. 이거 필독해야 하는 책이에요.

### p. 107 확장 응용하기

1  We have the special edition. 저희는 특별판을 갖고 있어요
   We have the new edition. 저희는 신판을 갖고 있어요.
2  Do you have *The Harry Potter* series written by Joanne Rowling?
   조앤 롤링에 의해 쓰여진 〈해리포터〉 시리즈 있어요?
   Do you have the book 'The Alchemist' written by Paulo Coelho?
   파울로 코엘로에 의해 쓰여진 '연금술사'란 책 있어요?
3  Are you looking for the foreign language book section? 외국어 서적 부분을 찾으세요?
   Are you looking for crafts & hobbies book section? 공예와 취미 서적 부분을 찾으세요?
4  Is this the only copy available? 구할 수 있는 부수는 이것 뿐인가요?
   Is this the only used book available? 구할 수 있는 중고책은 이것 뿐인가요?
5  Isn't it out of stock? 그 책은 재고가 없는 건가요?
   Isn't it newly-published? 그 책은 신간이 아닌가요??
6  That was a boring book. 그건 지루한 책이었어요.
   That was a must read. 그건 필독해야 하는 책이었어요.

# UNIT 22 At the Bookstore (2)

p. 110 응용하기
1   What's the hot new product? 아주 잘 나가는 새로 나온 제품이 뭐예요?
    What's the hot new cartoon? 아주 잘 나가는 새로 나온 만화가 뭐예요?
2   Why can't I go out now? 왜 지금 나갈 수 없나요?
    Why can't I take my assistant to the meeting? 왜 제 조수를 회의에 데리고 갈 수 없나요?
3   Who is the writer of *The Great Gatsby*? 〈위대한 개츠비〉의 작가는 누구예요?
    Who is the director of that movie? 그 영화의 감독은 누구예요?
4   What are the best-selling cars of all time? 지금까지 가장 잘 팔리는 자동차들은 뭔가요?
    What are the best-selling toys of all time? 지금까지 가장 잘 팔리는 장난감들은 뭔가요?
5   When was it written? 그건 언제 쓰여졌나요?
    When was it renovated? 그건 언제 개조되었나요?
6   Can I pay with a company card here? 여기서 법인 카드로 지불할 수 있나요?
    Can I pay with traveler's checks here? 여기서 여행자 수표로 지불할 수 있나요?

p. 111 확장 응용하기
1   What's the hot new product these days? 요즘에 아주 잘 나가는 새로 나온 제품이 뭐예요?
    What's the hot new cartoon these days? 요즘에 아주 잘 나가는 새로 나온 만화가 뭐예요?
2   Can I go out now please? 지금 나갈 수 있을까요?
    Can I take my assistant to the meeting please? 제 조수를 회의에 데리고 갈 수 있을까요?
3   Tell me who the writer of *The Great Gatsby* is. 〈위대한 개츠비〉의 작가가 누구인지 말해 주세요.
    Tell me who the director of that movie is. 그 영화의 감독이 누구인지 말해 주세요.
4   What are the best-selling cars in the world? 세계에서 가장 잘 팔리는 자동차들은 뭔가요?
    What are the best-selling toys in the world?? 세계에서 가장 잘 팔리는 장난감들은 뭔가요?
5   Do you know when it was written? 그건 언제 쓰여졌는지 아세요?
    Do you know when it was renovated? 그건 언제 개조되었는지 아세요?
6   You can pay with a company card here. 여기서 당신은 법인 카드로 지불할 수 있어요.
    You can pay with traveler's checks here. 여기서 당신은 여행자 수표로 지불할 수 있어요.

# UNIT 23 At the Tourist Spot (1)

p. 114 응용하기
1   It is listed as a cultural monument. 그것은 문화적 기념물로 등재되어 있어요.
    It is listed as a historical landmark. 그것은 사적지로 등재되어 있어요.
2   If you ever go to New York, you shouldn't miss it. 만일 당신에 뉴욕에 간다면, 그곳을 꼭 가 보세요.
    If you are a baseball fan, you shouldn't miss it. 만일 당신이 야구팬이라면, 놓치지 마세요.
3   Today, the temple is a world heritage site. 오늘날 그 사원은 세계 문화 유산이에요.
    Today, the temple is under renovation. 오늘날 그 사원은 수리 중이에요.

**4** Hawaii is famous for its beautiful beaches. 하와이는 아름다운 해변들로 유명해요.
　Shanghai is famous for historical relics. 상해는 역사적인 유적들로 유명해요.
**5** There are a handful of scenic areas around here. 이 주변에는 경치가 아름다운 곳들이 몇 곳 있어요.
　There are a handful of picturesque spots around here. 이 주변에는 고풍스러운 장소들이 몇 곳 있어요.
**6** When was it open to the public? 그것은 언제 대중에게 개방됐나요?
　When was it stolen? 그것은 언제 도난당했나요?

### p. 115 확장 응용하기
**1** It has been listed as a cultural monument. 그것은 문화적 기념물로 등재돼 있었어요.
　It has been listed as a historical landmark. 그것은 사적지로 등재돼 있었어요.
**2** If you ever go to New York, don't miss it. 만일 당신이 뉴욕에 간다면, 그곳을 놓치지 마세요.
　If you are a baseball fan, don't miss it. 만일 당신이 야구팬이라면, 그곳을 놓치지 마세요.
**3** Those days the temple was a world heritage site. 그때 그 사원은 세계 문화 유산이었어요.
　Those days the temple was under renovation. 그때 그 사원은 수리 중이었어요.
**4** Hawaii is well known for its beautiful beaches. 하와이는 아름다운 해변들로 잘 알려져 있어요.
　Shanghai is well known for historical relics. 상해는 역사적인 유적들로 잘 알려져 있어요.
**5** There are so many scenic areas around here. 이 주변에는 경치가 아름다운 곳들이 너무 많이 있어요.
　There are so many picturesque spots around here. 이 주변에는 고풍스러운 장소들이 너무 많이 있어요.
**6** Where was it open to the public? 그것은 어디에서 대중에게 개방됐나요?
　Where was it stolen? 그것은 어디에서 도난당했나요?

## UNIT 24 At the Tourist Spot (2)

### p. 118 응용하기
**1** The event is open to the public for free. 그 행사는 대중에게 무료로 개방되어 있어요.
　The observatory is open to the public for free. 그 전망대는 대중에게 무료로 개방되어 있어요.
**2** The hotel has lots of free parking spots. 그 호텔은 무료 주차 공간이 많이 있어요.
　The museum has lots of hands-on exhibits. 그 박물관은 실물 전시가 많이 있어요.
**3** The east coast is scenic. 동해안은 경치가 아름다워요.
　The waterfront is scenic. 해안 지역은 경치가 아름다워요.
**4** You are the man I've always dreamed of. 당신은 내가 항상 꿈꿔 왔던 남자예요.
　I have everything in my life I've always dreamed of. 난 내 인생에서 내가 항상 꿈꿔 왔던 모든 걸 가지고 있어요.
**5** I don't want to miss such a good opportunity. 그런 좋은 기회를 놓치고 싶지 않아요.
　I don't want to miss such an important moment. 그런 중요한 순간을 놓치고 싶지 않아요.
**6** The building is very historic. 그 건물은 역사적으로 아주 중요해요.
　The hotel is very historic. 그 호텔은 역사적으로 아주 중요해요.

### p. 119 확장 응용하기
**1** Is the event open to the public for free? 그 행사는 대중에게 무료로 개방되어 있나요?
　Is the observatory open to the public for free? 그 전망대는 대중에게 무료로 개방되어 있나요?

2   Do you know the hotel has lots of free parking spots? 그 호텔은 무료 주차 공간이 많이 있다는 것, 알고 있어요?
    Do you know the museum has lots of hands-on exhibits? 그 박물관은 실물 전시가 많이 있다는 것, 알고 있어요?

3   As you said, the east coast is scenic. 당신이 말한 것처럼, 동해안은 경치가 아름다워요.
    As you said, the waterfront is scenic. 당신이 말한 것처럼, 해안 지역은 경치가 아름다워요.

4   I want you to know you are the man I've always dreamed of. 당신은 내가 항상 꿈꿔 왔던 남자라는 걸 당신이 알면 좋겠어요.
    I want you to know I have everything in my life I've always dreamed of. 난 내 인생에서 내가 항상 꿈꿔 왔던 모든 걸 가지고 있다라는 걸 당신이 알면 좋겠어요.

5   I never want to miss such a good opportunity. 그런 좋은 기회를 절대 놓치고 싶지 않아요.
    I never want to miss such an important moment. 그런 중요한 순간을 절대 놓치고 싶지 않아요.

6   The building has been very historic. 그 건물은 역사적으로 (예전부터 지금까지) 아주 중요해요.
    The hotel has been very historic. 그 호텔은 역사적으로 (예전부터 지금까지) 아주 중요해요.

## UNIT 25  Asking Directions (1)

p. 122 응용하기

1   Could you tell me how I get to the nearest hospital? 가장 가까운 병원에 어떻게 가는지 알려 주시겠어요?
    Could you tell me how I get to the Prince Hotel in Shinjuku?
    신주쿠의 프린스 호텔에 어떻게 가는지 알려 주시겠어요?

2   Is it easy to get from here to the city? 여기에서 도시까지 오기 쉽나요?
    Is it quite away from here to the city? 여기에서 도시까지 거리가 꽤 되나요?

3   Turn right and take the overpass. 우회전하고 고가도로를 타세요.
    Turn right and take Ninth Avenue east. 우회전하고 동쪽으로 9번가를 타세요.

4   Keep going straight ahead. 앞으로 곧장 계속 가세요.
    Keep driving straight ahead. 앞으로 곧장 계속 운전하세요.

5   I got lost in the middle of the woods. 숲 한복판에서 길을 잃었어요.
    I got lost in the middle of the city. 도시 한복판에서 길을 잃었어요.

6   Is it opposite the station? 역 반대편인가요?
    Is it opposite the dry cleaner's? 세탁소 반대편인가요?

p. 123 확장 응용하기

1   Could you tell me where I can find the nearest hospital?
    가장 가까운 병원을 어디에서 찾을 수 있는지 알려주시겠어요?

    Could you tell me where I can find the Prince Hotel in Shinjuku?
    신주쿠의 프린스 호텔을 어디에서 찾을 수 있는지 알려주시겠어요?

2   Is it easy to get from here to the city? 여기에서 도시까지 오기 쉽나요?
    Is it quite away from here to the city? 여기에서 도시까지 거리가 꽤 되나요?

3   Turn right and take the overpass to get to the school. 학교에 가시려면 우회전하고 고가도로를 타세요.
    Turn right and take Ninth Avenue east to get to the school.
    학교에 가시려면 우회전하고 동쪽으로 9번가를 타세요.

4   Keep going straight ahead on this road. 이 길로 앞으로 곧장 계속 가세요.
    Keep driving straight ahead on this road. 이 길로 앞으로 곧장 계속 운전하세요.
5   I got lost in the middle of the woods the other day. 일전에 숲 한복판에서 길을 잃었어요.
    I got lost in the middle of the city the other day. 일전에 도시 한복판에서 길을 잃었어요.
6   Is it across from the station? 역 맞은 편인가요?
    Is it across from the dry cleaner's? 세탁소 맞은 편인가요?

p. 124 **Unit 21-25 확인학습**
1   Do you have the hardbound edition?
2   There are a handful of ethnic restaurants around here.
3   I am looking for the psychology book section.
4   When was it constructed?
5   Is it out of print?
6   It is open to the public for free.
7   Is this the only edition you have?
8   The drive up the mountain is scenic.
9   Why can't I return it?
10  This is the place I've always dreamed of.
11  What are the best-selling novels of all time?
12  The area around the palace is very historic.
13  Can I pay with a gift-card here?
14  Is it far from here?
15  Who is the author of the book?
16  I got lost in the middle of London.
17  It is listed as World Heritage.
18  Could you tell me how I can get to Time Square?
19  If you like bustling places, you shouldn't miss it.
20  Is it opposite the post office?

## UNIT 26  Asking Directions (2)

p. 128 **응용하기**
1   There's a street sign on the corner. 모퉁이에 길거리 표지판이 있어요.
    There's a red post box on the corner. 모퉁이에 빨간 우편함이 있어요.
2   Is there a pharmacy near hear? 이 근처에 약국이 있나요?
    Is there a Chinese restaurant near hear? 이 근처에 중국 음식점이 있나요?
3   Where is the nearest subway station? 가장 가까운 지하철역은 어디에 있나요?
    Where is the nearest car repair shop? 가장 가까운 자동차 정비소는 어디에 있나요?
4   Walk three blocks north. 북쪽으로 세 블록 걸어가세요.
    Walk three blocks west. 서쪽으로 세 블록 걸어가세요.

**5** Turn right at the first corner. 첫 번째 모퉁이에서 우회전하세요.
Turn right at the traffic lights. 신호등에서 우회전하세요.

**6** Turn left at the traffic lights and walk into the park. 신호등에서 좌회전해서 공원으로 걸어 들어가세요.
Turn left at the traffic lights and follow the sign. 신호등에서 좌회전해서 표지판을 따라가세요.

p. 129 **확장 응용하기**

**1** There's used to be a street sign on the corner. 모퉁이에 길거리 표지판이 있었어요. (지금은 없지만요.)
There's used to be a red post box on the corner. 모퉁이에 빨간 우편함이 있었어요. (지금은 없지만요.)

**2** Please tell me if there is a pharmacy near hear. 이 근처에 약국이 있는지 말씀해 주세요.
Please tell me if there is a Chinese restaurant near hear. 이 근처에 중국 음식점이 있는지 말씀해 주세요.

**3** Excuse me, but where is the nearest subway station from here?
실례지만, 여기서 가장 가까운 지하철역은 어디에 있나요?

Excuse me, but where is the nearest car repair shop from here?
실례지만, 여기서 가장 가까운 자동차 정비소는 어디에 있나요?

**4** You should walk three blocks north. 북쪽으로 세 블록 걸어가셔야 해요.
You should walk three blocks west. 서쪽으로 세 블록 걸어가셔야 해요.

**5** Would you please turn right at the first corner? 첫 번째 모퉁이에서 우회전해 주시겠어요?
Would you please turn right at the traffic lights? 신호등에서 우회전해 주시겠어요?

**6** Let me turn left at the traffic lights and walk into the park. 제가 신호등에서 좌회전해서 공원으로 걸어 들어갈게요.
Let me turn left at the traffic lights and follow the sign. 제가 신호등에서 좌회전해서 표지판을 따라갈게요.

---

## UNIT 27 On the Bus & Subway (1)

p. 132 **응용하기**

**1** Does this bus go to the subway station? 이 버스, 지하철역 가나요?
Does this bus go to the Plaza Hotel? 이 버스, 플라자 호텔 가나요?

**2** Is it a long walk? 오래 걷나요?
Is it a long way? 까마득한 거리인가요?

**3** Take a taxi. 택시 타세요.
Take the subway line number 2. 지하철 2호선 타세요.

**4** Am I on the wrong bus? 제가 버스를 잘못 탄 건가요?
Am I on the right track? 제가 맞는 방향으로 가고 있는 건가요?

**5** Pay the driver just before you get off. 내리기 직전에 운전사에게 요금 지불하세요.
Take your personal belongings just before you get off. 내리기 직전에 개인 소지품을 챙기세요.

**6** Does this bus stop at 1st Street? 이 버스는 1번가에 서나요?
Does this bus stop at every stop? 이 버스는 모든 정거장에 서나요?

p. 133 **확장 응용하기**

**1** Doesn't this bus go to the subway station? 이 버스 지하철역 가지 않나요?
Doesn't this bus go to the Plaza Hotel? 이 버스 플라자 호텔 가지 않나요?

2   Is it a long walk to Seoul? 서울까지 오래 걷나요?
    Is it a long way to Seoul? 서울까지 까마득한 거리인가요?
3   Why don't you take a taxi? 택시 타는 게 어때요?
    Why don't you take the subway line number 2? 지하철 2호선 타는 게 어때요?
4   Was I on the wrong bus? 제가 버스를 잘못 탔던 건가요?
    Was I on the right track? 제가 맞는 방향으로 가고 있었던 건가요?
5   I recommend you to pay the driver just before you get off. 내리기 직전에 운전사에게 요금 지불하는 걸 추천해요.
    I recommend you to take your personal belongings just before you get off.
    내리기 직전에 개인 소지품을 챙기는 걸 추천해요.
6   It is certain that this bus stops at 1st Street. 이 버스가 1번가에 서는 게 확실합니다.
    It is certain that this bus stops at every stop. 이 버스가 모든 정거장에 서는 게 확실합니다.

## UNIT 28 On the Bus & Subway (2)

### p. 136 응용하기

1   Get off at the third stop. 세 번째 정거장에서 내리세요.
    Get off at the next to the last stop. 종점 바로 전 정거장에서 내리세요.
2   How many stops are there before the gallery? 화랑까지 몇 정거장 남았어요?
    How many stops are there before the Victoria station? 빅토리아역까지 몇 정거장 남았어요?
3   Which bus should I take to get to the Hyatt Hotel? 하얏트 호텔에 가려면 어떤 버스를 타야 하나요?
    Which road should I take to get to the Hyatt Hotel? 하얏트 호텔에 가려면 어떤 길을 타야 하나요?
4   Take the orange line and transfer at Jackson. 주황색 노선을 탄 다음 잭슨에서 갈아타세요.
    Take the line 7 and transfer at Jackson. 7호선을 탄 다음 잭슨에서 갈아타세요.
5   Does the subway run on Sunday? 지하철이 일요일에 운행되나요?
    Does the subway run even at night? 지하철이 야간에도 운행되나요?
6   What time does the work start in the morning? 일은 아침 몇 시에 시작하나요?
    What time does the English class start in the morning? 영어 수업은 아침 몇 시에 시작하나요?

### p. 137 확장 응용하기

1   I want to get off at the third stop. 저 세 번째 정거장에서 내리고 싶어요.
    I want to get off at the next to the last stop. 저 종점 바로 전 정거장에서 내리고 싶어요.
2   How many times does the bus stop before the gallery? 화랑까지 버스가 몇 번이나 서나요?
    How many times does the bus stop before the Victoria station? 빅토리아역까지 버스가 몇 번이나 서나요?
3   Which bus should I take in order to get to the Hyatt Hotel? 하얏트 호텔에 가려면 어떤 버스를 타야 하나요?
    Which road should I take in order to get to the Hyatt Hotel? 하얏트 호텔에 가려면 어떤 길을 타야 하나요?
4   I'd rather take the orange line and transfer at Jackson. (차라리) 주황색 노선을 탄 다음 잭슨에서 갈아타겠어요.
    I'd rather take the line 7 and transfer at Jackson. (차라리) 7호선을 탄 다음 잭슨에서 갈아타겠어요.
5   Is the subway in operation on Sunday? 지하철이 일요일에 운행되나요?
    Is the subway in operation even at night? 지하철이 야간에도 운행되나요?
6   What time does the work usually start in the morning? 일은 대개 아침 몇 시에 시작하나요?
    What time does the English class usually start in the morning? 영어 수업은 대개 아침 몇 시에 시작하나요?

# UNIT 29 At the Hospital (1)

p. 140 **응용하기**

1. Can I see you? 당신을 만나볼 수 있을까요?
   Can I see your parents? 당신 부모님을 만나볼 수 있을까요?
2. Does she have openings on Monday and Tuesday? 월요일과 화요일에 선생님 빈 시간이 있나요?
   Does she have openings on Wednesday or Friday? 수요일이나 금요일에 선생님 빈 시간이 있나요?
3. What seems to be wrong with you? 당신에게 뭐가 이상이 있는 것 같으세요?
   What seems to be the problem with your car? 뭐가 당신 차의 문제인 것 같으세요?
4. I have a stomach problem. 위에 문제가 있어요.
   I have a back problem. 등에 문제가 있어요.
5. I think I'm running a fever. 저 열이 있는 것 같아요.
   I think I'm getting better. 저 몸이 나아지고 있는 것 같아요.
6. I sprained my ankle somehow. 어쩌다 발목이 삐었어요.
   I broke my ankle somehow. 어쩌다 발목이 부러졌어요.

p. 141 **확장 응용하기**

1. I want to see you. 당신을 만나고 싶어요.
   I want to see your parents. 당신 부모님을 만나고 싶어요.
2. Is she available on Monday and Tuesday? 선생님이 월요일과 화요일에 시간이 되나요?
   Is she available on Wednesday or Friday? 선생님이 수요일이나 금요일에 시간이 되나요?
3. What seemed to be wrong with you? 당신에게 뭐가 이상이 있는 것 같았어요?
   What seemed to be the problem with your car? 뭐가 당신 차의 문제인 것 같았어요?
4. I doubt I have a stomach problem. 위에 문제가 있는 것 같지는 않아요.
   I doubt I have a back problem. 등에 문제가 있는 것 같지는 않아요.
5. I don't think I'm running a fever. 저 열이 있는 것 같지 않아요.
   I don't think I'm getting better. 저 몸이 나아지고 있는 것 같지 않아요.
6. It seems that I sprained my ankle somehow. 어쩌다 발목이 삔 것 같네요.
   It seems that I broke my ankle somehow. 어쩌다 발목이 부러진 것 같네요.

# UNIT 30 At the Hospital (2)

p. 144 **응용하기**

1. This is an emergency contact number. 이게 비상 연락망이에요.
   This is an emergency alarm. 이게 비상벨이에요.
2. Can you prescribe me antibiotics? 제게 항생제를 처방해 주시겠어요?
   Can you prescribe me oral steroids? 제게 경구용 스테로이드제를 처방해 주시겠어요?
3. Have you taken any drugs we don't know about? 저희가 모르는 약을 복용한 적 있어요?
   Have you taken any pain killers? 진통제를 복용한 적 있어요?

4   Are you allergic to pollen? 꽃가루에 알레르기가 있어요?
    Are you allergic to eggs? 계란에 알레르기가 있어요?
5   Is there any possibility this is a coincidence? 이것이 우연의 일치일 가능성이 있나요?
    Is there any possibility he sees it again? 그가 그걸 다시 볼 가능성이 있나요?
6   You ought to do it at once. 그것을 당장 하셔야 해요.
    You ought to speak to her. 그녀에게 말하셔야 해요.

### p. 145 확장 응용하기
1   Is this an emergency contact number? 이게 비상 연락망이에요?
    Is this an emergency alarm? 이게 비상벨이에요?
2   I want to have antibiotics prescribed. 항생제를 처방 받고 싶습니다.
    I want to have oral steroids prescribed. 경구용 스테로이드제를 처방 받고 싶습니다.
3   Have you ever taken any drugs we don't know about? 한번이라도 저희가 모르는 약을 복용한 적 있어요?
    Have you ever taken any pain killers? 한번이라도 진통제를 복용한 적 있어요?
4   I'm allergic to pollen. 저 꽃가루에 알레르기가 있어요.
    I'm allergic to eggs. 저 계란에 알레르기가 있어요.
5   Isn't there any possibility this is a coincidence? 이것이 우연의 일치일 가능성이 있지 않나요?
    Isn't there any possibility he sees it again? 그가 그걸 다시 볼 가능성이 있지 않나요?
6   You ought not to do it at once. 그것을 당장 하지 마셔야 해요.
    You ought not to speak to her. 그녀에게 말하지 마셔야 해요.

### p. 146 Unit 26–30 확인학습
1   Turn left at the traffic lights and walk another 20 meters.
2   Take the blue line and transfer at Jackson.
3   Walk three blocks east.
4   Does the subway run 24 hours?
5   Is there a convenience store near here?
6   What seems to be the trouble?
7   Turn right at the next intersection.
8   I have a knee problem.
9   Does this bus go to the convention center?
10  I twisted my ankle somehow.
11  Take the number 271 bus.
12  Can I see Dr. Jenkins?
13  Ring the bell just before you get off.
14  Can you prescribe me some medication?
15  Is it a long ride?
16  Are you allergic to anything?
17  Get off at the next stop.
19  Is there any possibility you might be pregnant?
19  How many stops are there before the City Hall?
20  Have you taken any medicine?

## UNIT 31 At the Post Office (1)

**p. 150 응용하기**

1. Do you sell stamps here? 여기에서 우표 팔아요?
   Do you sell envelopes here? 여기에서 봉투 팔아요?
2. What is the cheapest way to reach Iceland from the UK?
   영국에서 아이슬란드에 도착하는 가장 저렴한 방법이 뭐예요?
   What is the cheapest way to learn foreign languages? 외국어를 배우는 가장 저렴한 방법이 뭐예요?
3. It has some fragile objects. 그것은 깨지기 쉬운 물건들이 있어요.
   It has some fragile parts. 그것은 깨지기 쉬운 부품들이 있어요.
4. I marked Fragile on the package. 소포에다 깨지기 쉬운 이라고 표시했어요.
   I marked Confidential on the package. 소포에다 기밀인 이라고 표시했어요.
5. I want to send this parcel by registered mail. 이 소포를 등기 우편으로 보내고 싶어요.
   I want to send this parcel by overnight mail. 이 소포를 익일 우편으로 보내고 싶어요.
6. I prefer email to handwritten letters. 전 손으로 쓴 편지보다 이메일을 선호해요.
   I prefer postcards to the company letterhead. 전 회사 편지지보다 엽서들을 선호해요.

**p. 151 확장 응용하기**

1. Do they sell stamps there? (그들은) 거기에서 우표 팔아요?
   Do they sell envelopes there? (그들은) 거기에서 봉투 팔아요?
2. Which is the cheapest way to reach Iceland from the UK?
   영국에서 아이슬란드에 도착하는 가장 저렴한 방법이 어떤 거예요?
   Which is the cheapest way to learn foreign languages? 외국어를 배우는 가장 저렴한 방법이 어떤 거예요?
3. It includes some fragile objects. 그것은 깨지기 쉬운 물건들을 포함하고 있어요.
   It includes some fragile parts. 그것은 깨지기 쉬운 부품들을 포함하고 있어요.
4. Mark Fragile on the package. 소포에 깨지기 쉬운 이라고 표시하세요.
   Mark Confidential on the package. 소포에 기밀인 이라고 표시하세요.
5. I would like to send this parcel by registered mail. 이 소포를 등기 우편으로 보내고 싶어요.
   I would like to send this parcel by overnight mail. 이 소포를 익일 우편으로 보내고 싶어요.
6. I don't prefer email to handwritten letters. 전 손으로 쓴 편지보다 이메일을 선호하지 않아요.
   I don't prefer postcards to the company letterhead. 전 회사 편지지보다 엽서들을 선호하지 않아요.

## UNIT 32 At the Post Office (2)

**p. 154 응용하기**

1. I want a sheet of stamps. 우표 전지 한 장을 원해요. (= 우표 전지 한 장 주세요.)
   I want a roll of stamps. 우표 한 통을 원해요. (= 우표 한 통 주세요.)
2. I'd like to mail this package to Paris. 이 소포를 파리로 보내고 싶어요.
   I'd like to mail this package to Hawaii. 이 소포를 하와이로 보내고 싶어요.

3   Place it on the table. 탁자 위에 그것을 놓으세요.
    Place it on the desk. 책상 위에 그것을 놓으세요.
4   I already filled out the departure card. 이미 출국카드 작성했어요.
    I already filled out an application. 이미 신청서를 작성했어요.
5   What should I do if I lost this opportunity? 이 기회를 잃어 버리면 어떻게 해야 해요?
    What should I do if I lost my mobile phone? 핸드폰을 잃어 버리면 어떻게 해야 해요?
6   I forgot to attach the file. 파일을 첨부해야 하는 걸 잊었어요.
    I forgot to bring my ID card. 제 신분증을 가져와야 하는 걸 잊었어요.

### p. 155 확장 응용하기
1   I have wanted a sheet of stamps. 전 (예전부터) 우표 전지 한 장을 원했어요.
    I have wanted a roll of stamps. 전 (예전부터) 우표 한 통을 원했어요.
2   Could you mail this package to Paris? 이 소포를 파리로 보내주시겠어요?
    Could you mail this package to Hawaii? 이 소포를 하와이로 보내주시겠어요?
3   Would you mind placing it on the table? 탁자 위에 그것을 올려 주시겠어요?
    Would you mind placing it on the desk? 책상 위에 그것을 올려 주시겠어요?
4   I haven't filled out the departure card yet. 저 아직 출국카드 작성하지 않았어요.
    I haven't filled out an application yet. 저 아직 신청서를 작성하지 않았어요.
5   I don't know what I'd do if I lost this opportunity. 이 기회를 잃어 버리면 뭘 해야 할지 모르겠어요.
    I don't know what I'd do if I lost my mobile phone. 핸드폰을 잃어 버리면 뭘 해야 할지 모르겠어요.
6   I remembered to attach the file. 파일을 첨부해야 하는 걸 기억했어요.
    I remembered to bring my ID card. 제 신분증을 가져와야 하는 걸 기억했어요.

## UNIT 33 At the Bar (1)

### p. 158 응용하기
1   I'm being helped. 전 도움 받고 있어요.
    I'm being overlooked. 전 무시를 당하고 있어요.
2   I'd like to have a glass of vodka. 보드카 한 잔 주세요.
    I'd like to have a glass of draft beer. 생맥주 한 잔 주세요.
3   What kind of champagne do you have? 어떤 종류의 샴페인이 있나요?
    What kind of wine do you have? 어떤 종류의 와인이 있나요?
4   Let's go skiing. 스키 타러 갑시다.
    Let's go swimming in the river. 강에서 수영하러 갑시다.
5   The beer tastes terrible. 맥주가 형편없는 맛이 나요.
    The beer tastes great. 맥주가 끝내 주는 맛이 나요.
6   To make a bomb drink, prepare beer and whiskey. 폭탄주를 만들려면 맥주와 위스키를 준비하세요.
    To make a bomb drink, fill your shot glass and drop it into beer.
    폭탄주를 만들려면 위스키 잔을 채워서 맥주 속에 떨어뜨리세요.

### p. 159 확장 응용하기

1. I feel like I'm being helped. 전 도움 받고 있는 듯한 기분이에요.
   I feel like I'm being overlooked. 전 무시당하고 있는 듯한 기분이에요.
2. Why don't you have a glass of vodka? 보드카 한잔 하는 거 어때요?
   Why don't you have a glass of draft beer? 생맥주 한잔 하는 거 어때요?
3. What kind of champagne do you recommend? 어떤 종류의 샴페인을 추천하세요?
   What kind of wine do you recommend? 어떤 종류의 와인을 추천하세요?
4. Let's not go skiing. 스키 타러 가지 맙시다.
   Let's not go swimming in the river. 강에서 수영하러 가지 맙시다.
5. The beer tasted terrible. 맥주가 형편없는 맛이 났어요.
   The beer tasted great. 맥주가 끝내 주는 맛이 났어요.
6. If you want to make a bomb drink, prepare beer and whiskey.
   폭탄주를 제조하고 싶다면, 맥주와 위스키를 준비하세요.
   If you want to make a bomb drink, fill your shot glass and drop it into beer.
   폭탄주를 제조하고 싶다면, 위스키 잔을 채워서 맥주 속에 떨어뜨리세요.

## UNIT 34 At the Bar (2)

### p. 162 응용하기

1. Cheers! To our love! 건배! 우리의 사랑을 위하여!
   Cheers! To our success! 건배! 우리의 성공을 위하여!
2. Can I have a bite? 제가 한입 먹어 봐도 될까요?
   Can I have a look at your notes? 제가 당신이 노트한 것을 봐도 될까요?
3. This cocktail is very refreshing. 이 칵테일은 매우 기분 전환이 돼요.
   This cocktail is subtle. 이 칵테일은 맛이 오묘해요.
4. What do you think is good for relieving stress? 스트레스 풀기에 뭐가 좋다고 생각하세요?
   What do you think is good for a sore throat? 목 아픈 것에 뭐가 좋다고 생각하세요?
5. I completely forgot about that. 저 완전히 그것을 잊었어요.
   I completely misread the situation. 저 완전히 상황 파악을 잘못 했어요.
6. I am not alcoholic but I want to stop drinking right now. 전 알코올 중독은 아니지만 지금 당장이라도 술을 끊고 싶어요.
   I am not alcoholic but I certainly drink too much. 전 알코올 중독은 아니지만 확실히 술을 너무 마셔요.

### p. 163 확장 응용하기

1. Let's make a toast. To our love! 건배합시다. 우리의 사랑을 위하여!
   Let's make a toast. To our success! 건배합시다. 우리의 성공을 위하여!
2. Let me have a bite. 제가 한입 먹어 볼게요.
   Let me have a look at your notes. 제가 당신이 노트한 것을 볼게요.
3. Don't you think this cocktail is very refreshing? 이 칵테일은 매우 기분 전환이 된다는 생각 안 들어요?
   Don't you think this cocktail is subtle? 이 칵테일 맛이 오묘하다 라는 생각 안 들어요?
4. What would you recommend for relieving stress? 스트레스 풀기에 뭘 추천하시겠어요?
   What would you recommend for a sore throat? 목 아픈 것에 뭘 추천하시겠어요?

**5** I'm afraid (that) I completely forgot about that. 저 완전히 그것을 잊었나 봐요.
I'm afraid (that) I completely misread the situation. 저 완전히 상황 파악을 잘못 했나 봐요.

**6** I am not addicted to alcohol but I want to stop drinking right now.
전 술에 중독되지는 않았지만 지금 당장이라도 술을 끊고 싶어요.

I am not addicted to alcohol but I certainly drink too much.
전 술에 중독되지는 않았지만 확실히 술을 너무 마셔요.

## UNIT 35 At the Dry Cleaner's

### p. 166 응용하기

**1** When can I drop it off? 언제 그것을 맡기러 올 수 있을까요?
When can I visit you? 언제 당신을 방문할 수 있을까요?

**2** It has a stain on the collar. 깃에 얼룩이 있어요.
It has a stain on the front. 앞에 얼룩이 있어요.

**3** I'd like to have this shirt ironed. 이 셔츠 다림질 해 주세요.
I'd like to have this shirt starched. 이 셔츠 풀 먹여 주세요.

**4** It should be ready by tomorrow. 내일까지 준비될 거예요.
It should be ready by next Monday. 다음 주 월요일까지 준비될 거예요.

**5** The zipper is missing. 지퍼가 없어졌어요.
One hook is missing. 고리 하나가 없어졌어요.

**6** I'm in a hurry. 전 급한 상태예요. (= 저 급해요.)
I'm in pain. 전 고통스러운 상태예요. (= 저 고통스러워요.)

### p. 167 확장 응용하기

**1** When should I drop it off? 언제 그것을 맡기러 와야 하나요?
When should I visit you? 언제 당신을 방문해야 하나요?

**2** It had a stain on the collar. 깃에 얼룩이 있었어요.
It had a stain on the front. 앞에 얼룩이 있었어요.

**3** Would you like to have this shirt ironed? 이 셔츠 다림질 해드려요?
Would you like to have this shirt starched? 이 셔츠 풀 먹여 드려요?

**4** It must be ready by tomorrow. 내일까지 준비되어야만 합니다.
It must be ready by next Monday. 다음 주 월요일까지 준비되어야만 합니다.

**5** The zipper came off. 지퍼가 (원래 있던 자리에서) 떨어졌어요.
One hook came off. 고리 하나가 (원래 있던 자리에서) 떨어졌어요.

**6** Are you in a hurry? 당신은 급한 상태인가요? (= 당신 급하세요?)
Are you in pain? 당신 고통스러운 상태인가요? (= 당신 고통스러워요?)

### p. 168 Unit 31–35 확인학습

**1** What is the cheapest way to send this?
**2** To make a bomb drink, drop that shot glass into the beer.
**3** It has some fragile items.

4   The beer tastes stale.
5   I want to send this parcel by air mail.
6   Cheers! To our friendship!
7   I prefer express mail to priority mail.
8   This cocktail is too strong. .
9   Place it on the scale.
10  What do you think is good for a hangover?
11  I already filled out the form.
12  I completely blacked out.
13  What should I do if I lost the tracking number?
14  It has a stain on the sleeve.
15  I forgot to put a stamp on the envelope.
16  I'd like to have this shirt dry-cleaned.
17  I'm in a rush.
18  The top button is missing.
19  Let's go bar hopping.
20  When can I pick it up?

## UNIT 36  At the Laundromat

p. 172 **응용하기**

1   The Laundromat is closed. 빨래방은 문을 닫았어요.
    The Laundromat is a couple of blocks away. 빨래방은 몇 블록 떨어져 있어요.
2   Insert coins into a piggy bank. 돼지 저금통에 동전을 넣으세요.
    Insert coins into a vending machine. 자판기에 동전을 넣으세요.
3   It looks like the clothes came out clean. 옷이 깨끗하게 나온 것 같네요.
    It looks like the washing machine is filled to the brim. 세탁기가 넘치도록 차 있는 것 같네요.
4   Put in the right amount of fabric softener. 적당량의 섬유 유연제를 넣으세요.
    Put in the right amount of bleach. 적당량의 표백제를 넣으세요.
5   You need to separate white clothes from colored clothes. 흰옷과 색깔 옷을 분리해야 해요.
    You need to have your washing machine repaired. 세탁기를 수리 받아야 해요.
6   Usually I fold clothes in the bedroom. 전 대개 침실에서 옷을 개어요.
    Usually I fold clothes straight out of the dryer. 전 대개 건조기에서 빼서 곧장 옷을 개어요.

p. 173 **확장 응용하기**

1   The Laundromat used to be closed. 빨래방은 문을 닫곤 했어요.
    The Laundromat used to be a couple of blocks away. 빨래방은 몇 블록 떨어져 있곤 했어요.
2   Would you please insert coins into a piggy bank? 돼지 저금통에 동전을 넣어 주시겠어요?
    Would you please insert coins into a vending machine? 자판기에 동전을 넣어 주시겠어요?
3   I'm sure that the clothes came out clean 세탁한 옷이 깨끗하게 나온 게 확실해요.
    I'm sure that the washing machine is filled to the brim. 세탁기가 넘치도록 차 있는 게 확실해요.

**4** I want you to put in the right amount of fabric softener. 적당량의 섬유 유연제를 넣어 주시면 좋겠어요.
　I want you to put in the right amount of bleach. 적당량의 표백제를 넣어 주시면 좋겠어요.

**5** You don't need to separate white clothes from colored clothes. 흰옷과 색깔 옷을 분리할 필요 없어요.
　You don't need to have your washing machine repaired. 세탁기를 수리 받을 필요 없어요.

**6** Usually she folds clothes in the bedroom. 그녀는 대개 침실에서 옷을 개어요.
　Usually she folds clothes straight out of the dryer. 그녀는 대개 건조기에서 빼서 곧장 옷을 개어요.

---

## UNIT 37 At the Bank (1)

### p. 176 응용하기

**1** I'd like to open a checking account. 당좌 예금 계좌 개설하고 싶어요.
　I'd like to open a savings account. 저축 예금 계좌 개설하고 싶어요.

**2** I'd like to deposit this check into my savings account. 이 수표를 제 저축 예금 계좌에 입금하고 싶어요.
　I'd like to deposit a jar of coins into my account. 병에 모아둔 동전들을 제 계좌에 입금하고 싶어요.

**3** Do you want dollars or pesos? 달러나 페소화로 드릴까요?
　Do you want cash or a check? 현금이나 수표 한 장으로 드릴까요?

**4** Is it possible to withdraw money at any time? 아무 때고 돈 인출이 가능한가요?
　Is it possible to withdraw cash without a card? 카드 없이 현금 인출이 가능한가요?

**5** How can I withdraw money from PayPal? 어떻게 페이팔에서 돈을 인출할 수 있나요?
　How can I withdraw cash from any bank by check? 어떻게 수표로 아무 은행에서나 현금을 인출할 수 있나요?

**6** I need to change won into dollars. 원화를 달러로 환전해야 해요.
　I need to change dollars into euros. 달러를 유로로 환전해야 해요.

### p. 177 확장 응용하기

**1** What should I do to open a checking account? 당좌 예금 계좌 개설하려면 어떻게 해야 하나요?
　What should I do to open a savings account? 저축 예금 계좌 개설하려면 어떻게 해야 하나요?

**2** I'd like to make a deposit of this check into my savings account. 이 수표를 제 저축 예금 계좌에 입금하고 싶어요.
　I'd like to make a deposit of a jar of coins into my account. 병에 모아둔 동전들을 제 계좌에 입금하고 싶어요.

**3** Do you want to get dollars or pesos? 달러나 페소화로 받고 싶으세요?
　Do you want to get cash or a check? 현금이나 수표 한 장으로 받고 싶으세요?

**4** Are you sure that it is possible to withdraw money at any time? 아무 때고 돈 인출이 가능하다는 게 확실한가요?
　Are you sure that it is possible to withdraw cash without a card? 카드 없이 현금 인출이 가능하다는 게 확실한가요?

**5** Do you know how to withdraw money from Paypal? 페이팔에서 돈 인출하는 법 아세요?
　Do you know how to withdraw cash from any bank by check? 수표로 아무 은행에서나 현금 인출하는 법 아세요?

**6** Do I need to change won into dollars? 원화를 달러로 환전해야 하나요?
　Do I need to change dollars into euros? 달러를 유로로 환전해야 하나요?

# UNIT 38  At the Bank (2)

### p. 180  응용하기
1. Can I cash a money order? 우편환을 현금으로 바꿀 수 있나요?
   Can I cash a personal check? 개인 수표를 현금으로 바꿀 수 있나요?
2. I signed on the receipt. 영수증에 서명했어요.
   I signed on the dotted line. 점선으로 표시된 서명란에 서명했어요.
3. I want to check the record of my payment. 제 지불 기록을 확인하고 싶어요.
   I want to check my data usage. 제 데이터 사용량을 확인하고 싶어요.
4. Can I get my bank details via e-mail? 이메일로 제 은행 관련 세부 사항을 받아 볼 수 있을까요?
   Can I get my account information via e-mail? 이메일로 제 계좌 정보를 받아 볼 수 있을까요?
5. Reset your password. 비밀번호를 다시 설정하세요.
   Change your password. 비밀번호를 변경하세요.
6. I lost my traveler's check. 제 여행자 수표를 분실했어요.
   I lost my passport. 제 여권을 분실했어요.

### p. 181  확장 응용하기
1. How can I cash a money order? 우편환을 현금으로 어떻게 바꿀 수 있나요?
   How can I cash a personal check? 개인 수표를 현금으로 어떻게 바꿀 수 있나요?
2. I put my signature on the receipt. 영수증에 서명했어요.
   I put my signature on the dotted line. 점선으로 표시된 서명란에 서명했어요.
3. I want to see the record of my payment. 제 지불 기록을 보고 싶어요.
   I want to see my data usage. 제 데이터 사용량을 보고 싶어요.
4. Would you send me my bank details by e-mail? 이메일로 제 은행 관련 세부 사항을 보내주시겠어요?
   Would you send me my account information by e-mail? 이메일로 제 계좌 정보를 보내주시겠어요?
5. Reset your password right now. 지금 바로 비밀번호를 다시 설정하세요.
   Change your password right now. 지금 바로 비밀번호를 변경하세요.
6. I have lost my traveler's check. 제 여행자 수표를 분실했어요. (아직도 못 찾은 상태예요.)
   I have lost my passport. 제 여권을 분실했어요. (아직도 못 찾은 상태예요.)

# UNIT 39  At the Cinema (1)

### p. 184  응용하기
1. Two tickets for *Ghost in the Shell* please. 〈공각기동대〉 표 두 장 주세요.
   Two tickets for *The Fast and the Furious* please. 〈분노의 질주〉 표 두 장 주세요.
2. I prefer to sit at the front. 전 앞쪽에 앉는 게 더 좋아요.
   I prefer to sit at the middle. 전 중간 쪽에 앉는 게 더 좋아요.
3. *Split* is a box-office hit. 〈Split〉은 대히트작이에요.
   *Split* is a complete failure. 〈Split〉은 완전히 실패작이에요.

**4** VIP tickets are sold out.  VIP용 티켓들은 매진됐습니다.
　　Saturday tickets are sold out.  토요일 티켓들은 매진됐습니다.

**5** Do you have any front seats available?  앞 좌석들 남은 게 있나요?
　　Do you have any aisle seats available?  통로 쪽 좌석들 남은 게 있나요?

**6** What's playing at the Victoria Cinema?  빅토리아 극장에서 무엇이 상영되고 있나요?
　　What's playing at the National Theater?  국립극장에서 무엇이 상영되고 있나요?

### p. 185 확장 응용하기

**1** May I have two tickets for *Ghost in the Shell* please?  〈공각기동대〉 표 두 장 주시겠어요?
　　May I have two tickets for *The Fast and the Furious* please?  〈분노의 질주〉 표 두 장 주시겠어요?

**2** I always prefer to sit at the front.  전 늘 앞쪽에 앉는 게 더 좋아요.
　　I always prefer to sit at the middle.  전 늘 중간 쪽에 앉는 게 더 좋아요.

**3** *Split* proved to be a box-office hit.  〈Split〉은 대히트작이라고 판가름이 났어요.
　　*Split* proved to be a complete failure.  〈Split〉은 완전히 실패작이라고 판가름이 났어요.

**4** I heard that VIP tickets were sold out.  VIP용 티켓들은 매진됐다고 들었어요.
　　I heard that Saturday tickets were sold out.  토요일 티켓들은 매진됐다고 들었어요.

**5** Are there any front seats available?  앞 좌석들 남은 게 있나요?
　　Are there any aisle seats available?  통로 쪽 좌석들 남은 게 있나요?

**6** Do you know what's playing at the Victoria Cinema?  빅토리아 극장에서 무엇이 상영되고 있는지 아세요?
　　Do you know what's playing at the National Theater?  국립극장에서 무엇이 상영되고 있는지 아세요?

## UNIT 40  At the Cinema (2)

### p. 188 응용하기

**1** The box-office is located on the first floor.  매표소는 1층에 위치해 있어요.
　　The box-office is located in the Opera House.  매표소는 오페라 하우스 내에 위치해 있어요.

**2** I'd like a hot dog and a Coke.  핫도그 한 개와 코카콜라 하나 주세요.
　　I'd like French Fries and a Mountain Dew.  감자 튀김 하나와 마운틴듀 하나 주세요.

**3** We'd like to sit in the non-smoking section.  금연 구역에 앉고 싶어요.
　　We'd like to sit somewhere up front.  앞쪽에 앉고 싶어요.

**4** How long does it last?  얼마 동안 지속돼요?
　　How long does it take to get there?  거기 도착하는 데 시간이 얼마 동안 걸려요?

**5** Who starred in the movie?  영화에서 누가 주연했죠?
　　Who sings that song in the movie?  영화에서 누가 저 노래를 부르죠?

**6** Which cinema is showing the movie?  어떤 극장에서 그 영화를 상영하나요?
　　Which cinema is showing *La La Land*?  어떤 극장에서 〈라라랜드〉를 상영하나요?

### p. 189 확장 응용하기

**1** Is the box-office located on the first floor?  매표소는 1층에 위치해 있나요?
　　Is the box-office located in the Opera House?  매표소는 오페라 하우스 내에 위치해 있나요?

2   Can I have a hot dog and a Coke please?  핫도그 한 개와 코카콜라 하나 주시겠어요?
    Can I have French Fries and a Mountain Dew please?  감자 튀김 하나와 마운틴듀 하나 주시겠어요?
3   We'll sit in the non-smoking section.  금연 구역에 앉겠습니다.
    We'll sit somewhere up front.  앞쪽에 앉겠습니다.
4   How long did it last?  얼마 동안 지속됐어요?
    How long did it take to get there?  거기 도착하는 데 시간이 얼마 동안 걸렸어요?
5   He starred in the movie.  영화에서 그가 주연했어요.
    He sings that song in the movie.  영화에서 그가 저 노래를 불러요.
6   Which cinema has been showing the movie for three months?
    어떤 극장에서 그 영화를 3개월 째 상영하고 있나요?
    Which cinema has been showing *La La Land* for three months?
    어떤 극장에서 〈라라랜드〉를 3개월 째 상영하고 있나요?

p. 190 **Unit 36-40 확인학습**
1   Insert coins in the slot.
2   Enter your password.
3   Put in the right amount of detergent.
4   Can I get my bank statement via e-mail?
5   You need to sort clothes by color.
6   I prefer to sit at the back.
7   Usually I fold clothes as soon as they are done drying.
8   Split is a smash hit.
9   I'd like to open an account.
10  All the tickets are sold out.
11  Do you want a large bill or small bills?
12  Do you have any seats available?
13  Is it possible to withdraw 100 dollars in 1 dollar bills?
14  I'd like a box of buttered popcorn and a Pepsi please.
15  How can I withdraw 50-dollar bills from ATM?
16  We'd like to sit in row C, seats 3 and 4.
17  I signed on the back of the check.
18  Who's the main character in the movie?
19  I want to check my balance.
20  The box office is located to the right of the front doors.